ACCESO GRATIS ***a la Lectura en la Nube***

Para visualizar el libro electrónico en la nube de lectura envíe junto a su nombre y apellidos una fotografía del código de barras situado en la contraportada del libro y otra del ticket de compra a la dirección:

ebooktirant@tirant.com

En un máximo de 72 horas laborales le enviaremos el código de acceso con sus instrucciones.

La visualización del libro en **NUBE DE LECTURA** excluye los usos bibliotecarios y públicos que puedan poner el archivo electrónico a disposición de una comunidad de lectores. Se permite tan solo un uso individual y privado

ÉTICA

Procedimiento de selección de originales, ver página web:
www.tirant.net/index.php/editorial/procedimiento-de-seleccion-de-originales

ÉTICA

Rogelio Zacarías Rodríguez Garduño
(Coordinador y autor)

Erika García Landeros
Arturo Berumen Campos
(Coautores)

Ciudad de México, 2024

La presente obra ha sido dictaminada y aprobada para su publicación, de acuerdo con el sistema de revisión por pares doble ciego, por el Comité Editorial de la Facultad de Derecho de la Universidad Nacional Autónoma de México. La misma pertenece al Plan de Estudios de Maestría en Derecho.

Cuidado de la edición: Jesús de la Fuente Rodríguez

Ética

Primera edición: 2024

© EDITA: FACULTAD DE DERECHO - UNIVERSIDAD NACIONAL AUTÓNOMA DE MÉXICO
Ciudad Universitaria, Coyoacán, 04510, Ciudad de México.
coordinacioneditorial@derecho.unam.mx

© IMPRIME Y DISTRIBUYE: TIRANT LO BLANCH MÉXICO
Río Tíber 66, Piso 4, Colonia Cuauhtémoc, Alcaldía Cuauhtémoc, CP 06500, Ciudad de México. Tel.: (55) 65502317 - infomex@tirant.com - www.tirant.com/mex/ - www.tirant.es

En caso de erratas, la Editorial Tirant lo Blanch México publicará la pertinente corrección en la página web www.tirant.com/mex/

ISBN (UNAM): 978-607-30-8174-0
ISBN: 978-84-1130-869-4

EDICIÓN: Coordinación Editorial de la Facultad de Derecho
MAQUETA: Tink Factoría de Color

Si desea recibir información periódica sobre las novedades editoriales de la Facultad de Derecho envíe un correo electrónico a: *coordinacioneditorial@derecho.unam.mx*

Si tiene alguna queja o sugerencia, envíenos un mail a: *atencioncliente@tirant.com*.
En caso de no ser atendida su sugerencia, por favor, lea en *www.tirant.net/index.php/empresa/politicas-de-empresa* nuestro procedimiento de quejas.

Responsabilidad Social Corporativa: http://www.tirant.net/Docs/RSCTirant.pdf

COORDINACIÓN EDITORIAL DE LA FACULTAD DE DERECHO

Jesús de la Fuente Rodríguez
Coordinador Editorial y Editor

Elyasid Eliud Campa Arvizu
Erika Espinosa Morúa
Editores Adjuntos

Jesús Alejandro Ham Juárez
Leticia Castellanos García
Validación de Contenidos

María Concepción Cárdenas Ostria
Cinthya Gutiérrez Ruiz
Corrección de Estilo

Michelle Sánchez Cabello
Ricardo Pérez Rodríguez
Diseño Editorial

COMITÉ ASESOR DE LA FACULTAD DE DERECHO

Índice

"La voluntad existente por sí o *abstracta es la persona.*
Lo más elevado del hombre es ser persona."

G.W.F. Hegel

La presente obra representa la suma de un esfuerzo que persigue un interés común: la relación estructurada entre la Ética y el Derecho. Ante la enorme necesidad a la cual nos enfrentamos hoy día, debido a las aristas problemáticas que cruzan nuestra sociedad contemporánea, es más que un deber concretar una obra de esta naturaleza, ya que pensar el derecho, desde su columna central: la naturaleza humana, es pensar desde la ética; reflexionar y discernir sobre el carácter y la conducta que se desarrolla en la persecución de intereses, deseos y motivaciones. En este particular caso, la motivación principal del derecho y el eje central de reflexión filosófica es: la libertad.

A partir de esta suma de razonamientos, centrados en el quehacer jurídico, los jóvenes estudiantes y atraídos por la Filosofía del Derecho encontrarán en esta obra directrices importantes para *re-pensar* nuestra dimensión jurídica y, por tanto, el carácter del actuar en relación con el otro.

Prólogo

La Universidad Nacional Autónoma de México tiene como quehaceres fundamentales: la docencia, la investigación y la difusión de la cultura. Producto de ese trabajo incesante es la obra que usted tiene en sus manos. Precisamente, uno de los grandes proyectos que ha iniciado la Facultad de Derecho —encaminado a fortalecer el proceso de enseñanza— es la elaboración y publicación de obras pertenecientes al Posgrado en Derecho, tanto de la maestría y la especialidad.

El libro que tengo el honor de prologar es resultado de los esfuerzos intelectuales de los doctores y profesores Rogelio Rodríguez Garduño, Erika García Landeros y Arturo Berumen Campos, apoyados por las maestras Anayeli Rojo Sánchez y Paulina Landecho, quienes nos presentan: "Ética". Un libro que corresponde al Plan de Estudios del Posgrado y aborda en tres capítulos los temas fundamentales para comprender la importancia de la ética en la formación y ejercicio práctico de los estudiosos de la disciplina jurídica.

El trabajo que se encuentra en seguida de estas palabras preliminares es, sin duda alguna, una obra que concentra las reflexiones más importantes de grandes expertos en torno a la ética; en ella encontramos consideraciones sobre el comportamiento humano y los preceptos morales, el deber y el bien colectivo, los principios y normas que deben regir el actuar del ser humano, así como un análisis detallado de las principales teorías éticas, que van desde el iusnaturalismo y racionalismo, haciendo además un exámen crítico de las mismas desde la perspectiva jurídica.

En el primer capítulo, denominado "Fundamentos filosóficos", se exponen algunos problemas éticos entre el ser y el deber ser, entre el derecho y la moral a través del diálogo de los personajes imaginarios: Nicómaco, hijo de Aristóteles, y Zaratustra, hijo de Nietzsche, en "Las desventuras de la virtud". Posteriormente, se analizan las consecuencias negativas de la alusión excesiva a la falacia naturalista, al tener al valor instrumental como único criterio de elección moral, consecuencia de haber abandonado a la virtud.

El segundo capítulo intitulado "Enunciados éticos", tiene como objetivo comprender la relación estructural entre ética y derecho, y se explica la trascendencia de que un enunciado jurídico sea claro, preciso, lógico, coherente, entendible y comprensible, atendiendo a su naturaleza; se aborda lo relativo a la interpretación de los enunciados del derecho y la correcta lectura de su significado, con el fin de evitar la vaguedad, la ambigüedad o una textura abierta; asimismo se analiza lo correspondiente a los juicios de valor y la necesaria ayuda de la filosofía, a través de la ética y la moral.

En el tercer capítulo, denominado "Teorías éticas y el derecho", se presenta a la teoría del racionalismo como elemento esencial y clave en la construcción del conocimiento humano; y se nos muestra la estrecha relación que existe entre el cognoscitivismo y el emotivismo. De igual manera, se aborda el tema de la ética y el positivismo jurídico, concepciones que se han considerado distantes y contrarias entre sí; no obstante, en la actualidad se pone en tela de juicio dicha separación. Para finalizar el capítulo se mencionan otras teorías como el neocontractualismo, ética comunitaria, ética discursiva y ética utilitarista, mismas que tienen influencia en el mundo jurídico.

Los temas que encontrará el lector en esta obra han sido desarrollados desde un aspecto teórico, analítico y jurídico, desde el más amplio conocimiento y, además, acompañándose de ejemplos cotidianos e ilustraciones, con lo cual se acercan las disciplinas: humanista y social. De esta manera se presenta al derecho, desde su origen, desarrollo y actualidad, como una necesidad ética independientemente del contenido de los postulados normativos, que debe garantizar la subsistencia de la sociedad, ya que al final del día tanto el derecho como la moral, operan en el mundo del deber ser.

Para terminar esta presetanción, deseo manifestar mi más sincera felicitación a los autores, esperando que esta publicación sea solo el inicio de muchas otras obras en torno a la ética y el derecho. Definitivamente, los invito a que sigan reflexionando con visión crítica e imparcial sobre esta materia tan apremiante y decisiva para el desarrollo de la profesión jurídica.

DR. RAÚL CONTRERAS BUSTAMANTE
Director de la Facultad de Derecho, UNAM

Presentación

Este libro tiene como propósito guiar y abrir líneas generales de entendimiento para pensar la Ética y su necesaria relación el ejercicio del Derecho. Podría pensarse que es emprender un proyecto complicado, sin embargo, este no es un texto con información únicamente presentada para su memorización o construido a base de fórmulas para una llana aplicación, desprovista de una reflexión respecto de importancia de la Ética para la construcción de relaciones plenas entre los seres humanos y que sean la base funcional del orden jurídico. Este libro es una obra dinámica, centrada en problemas concretos; es un llamado a recapacitar y proponer reflexiones prácticas para el entorno actual. Una de las ventajas de este libro es que permite pensar, a partir de nuestra realidad, sobre el mundo, las relaciones sociales, y la necesidad de hablar sobre la Ética y el Derecho.

Se puede presuponer tácita la relación entre estas dos disciplinas, y pese a ello, es imperante reabrir las discusiones que suscitan este estudio, sobre todo porque es un saber práctico e inherente a nuestra acción. De esta forma, entendemos quiénes somos y cómo debemos actuar ante los demás y frente a los retos que se nos presentan. Por ello, se ofrecen herramientas en este libro, para evitar ser llevados por la inercia e inmediatez de la vida diaria, prefiriendo reflexionar sobre ella. Se pretende aportar en la formación o el fortalecimiento de valores de quienes en cualquier forma se involucran con lo jurídico, para que sean capaces de tomar determinaciones que hayan tomado los juicios valorativos sobre lo bueno y lo malo, prevaleciendo en ellos un actuar justo. Así, los temas que compilamos en el presente libro, han sido desarrollados de manera amable, con ilustraciones y ejemplos cotidianos, de tal manera que al final, se logre un aprendizaje significativo y se desarrolle nuestra actividad de forma consciente y crítica.

Los capítulos de este libro abordan temas fundamentales de la Ética en los diferentes campos requeridos al campo del Derecho para una mejor eficacia en el orden social. Por ello, comenzamos con una presentación sobre los fundamentos filosóficos y una perspectiva que teje la disciplina de la Ética; luego la concreción de su uso en el lenguaje; y, por último, la exposición de las diferentes corrientes Éticas en el Derecho.

Cada uno de los capítulos plantea y propone enfoques críticos sobre la naturaleza humana, la libertad, el arte, las ciencias, la política y la cultura. Nuestro objetivo es, como ya ha quedado esbozado, que se desarrolle un pensamiento crítico y reflexivo y seamos conscientes de que no todo está determinado por la teoría formal que ha negado o ignorado a la esencia del ser humano y por lo tanto a la Filosofía, así como al actuar ético bajo el que todos debemos regir nuestro comportamiento.

En esta obra, por medio del ejercicio crítico y analítico, se muestra que cada ser humano es dueño de su propia vida, que siempre participa en su comunidad y que puede ejercer su libertad de manera responsable. La filosofía permite comprender los procesos políticos, sociales, económicos, culturales e históricos que atraviesan nuestra existencia por medio de sus costumbres y comportamientos. Es posible dar un giro en la vida si se aprovechan los espacios reflexivos aquí presentados y plantearse metas más ambiciosas en la realización personal, de tal forma que nos proyecten a una vida más amplia, culturalmente plena y moral. A través del pensamiento filosófico experimentamos la libertad, la felicidad y la certeza de ser dueños y diseñadores de nuestros caminos.

Dr. Rogelio Z. Rodríguez Garduño

I. Fundamentos filosóficos

ERIKA GARCÍA LANDEROS[1]

Pensamientos sin contenidos son vanos,
intuiciones sin conceptos son ciegas.
Immanuel Kant

I.1. Ser y deber: ¿uso del lenguaje o distinción ontológica?

Los alumnos de maestría sabrán que esta distinción fue abordada en las clases de Introducción al Estudio del Derecho, al iniciar su formación jurídica. El tema tal vez les parezca no sólo superfluo, sino incluso obvio, sin embargo, esto abona a nuestro análisis, pues tal como señala Heidegger: "lo más *comprensible de suyo* es el tema verdadero y único de la filosofía".[2]

El derecho, como todas las parcelas del conocimiento, se constituye a partir de ciertas nociones fundamentales que son condiciones de su existencia, mas no sus "temas"; se considera a estas nociones como obvias, no obstante, se carece de recursos propios para enunciarlas. Algunas nociones fundamentales del derecho son, entre otras, la noción de persona, pueblo, libertad, igualdad, etcétera; utilizamos estos conceptos, los comprendemos, pero de una manera implícita, no tematizada.

Por ejemplo, los diversos operadores jurídicos aluden al beneficio del *pueblo* para impulsar la reforma a alguna ley, para justificar una decisión judicial, etc., pero no se preguntan lo que el *pueblo*

---

1 Licenciada y Maestra en Derecho por la Universidad Nacional Autónoma de México. Doctorante en la misma casa de estudios. Profesora de la materia "Epistemología jurídica" en el Posgrado de Derecho de la misma universidad. Coautora del libro "Epistemología Jurídica". Ha prestado sus servicios en la Comisión Nacional de los Derechos Humanos, en la Asamblea Legislativa de la Ciudad de México, en el Gobierno de la Ciudad de México, entre otras actividades profesionales.

2 Martin Heidegger (*Los problemas fundamentales de la fenomenología*), *apud* CARPIO, Adolfo P., *Principios de filosofía, una introducción a su problemática*, 2a. ed., Buenos Aires, Editorial Glauco, 2004, p. 48.

"es". Así también, un físico realiza cálculos partiendo de nociones como tiempo, espacio, movimiento, entre otros, pero no se cuestiona (ni puede contestar a su cuestionamiento con los recursos de la física) qué es lo que estas nociones son. Lo que el pueblo, la persona, la libertad, el tiempo, el espacio y el movimiento sean, incluso si realmente existen, es una cuestión que compete contestar a la filosofía.

En este sentido, Hegel señala que las ciencias pueden "suponer" sus objetos y proseguir sus discursos, pero la filosofía no tiene esta ventaja.[3] Pues bien, siendo que estas páginas versarán sobre la aplicación de una disciplina filosófica: la ética en el ámbito jurídico, se carece también de esa prerrogativa. Como vemos, la filosofía nos da la oportunidad de hacer un alto y reflexionar sobre aquello que damos por sentado. Así, analizaremos la diferencia entre "ser" y "deber ser" y cuál es el carácter de dicha distinción. Para ello, es necesario entender a qué se refieren ambos términos.

En cuanto al "ser", hay que señalar que este puede ser analizado desde dos perspectivas, una ontológica y una óntica. La primera analiza "el ser", aquello que hace posibles todos los entes y a la vez se encuentra en todos ellos constituyendo su esencia, aquí el término se usa como sustantivo. La segunda estudia el "ser de los entes", lo que los entes son, su existencia, su uso es predicativo. Por ejemplo, si decimos "el ser de Sócrates", utilizamos "ser" como sustantivo; en cambio, si decimos "Sócrates es un filósofo", lo utilizamos como predicado.

Ahora bien, en la antigüedad no existía una separación tajante entre "ser" y "deber ser", ésta fue pensada hasta la modernidad, en la cual los filósofos modernos hicieron a un lado la perspectiva ontológica para cimentar la ética; rechazaron el modo antiguo de fundamentar la ética atendiendo a la teleología, es decir, la ética aristotélica, la cual parte de la esencia o naturaleza humana como su fundamento. Para el filósofo escocés Alasdair MacIntyre, esto ha ocasionado una catástrofe moral (ya se volverá a este punto más adelante).

---

[3] Hegel, G.W.F., *Enciclopedia de las ciencias filosóficas*, Madrid, Editorial Alianza, 1997, p. 99.

Pues bien, concretándose únicamente al "ser de los entes" para estudiar las diferencias e interacciones entre "ser" y "deber ser". El primero fue identificado solamente con lo fáctico, con las cosas sensibles, las manifestaciones materiales, la naturaleza, los objetos y sus propiedades, los fenómenos sociales,[4] etc., excluyendo la naturaleza humana. El "deber ser", por otra parte, se entendió y se entiende como la construcción intelectiva de un conjunto de mandatos o prescripciones para regular la conducta de los seres humanos. Entonces la realidad se separó en dos abstracciones: el plano empírico o sensible, en el cual se encuentra, concretándonos al ámbito de la ética, la conducta de los seres humanos (sin tomar en cuenta su naturaleza o esencia), y el plano racional o suprasensible, donde se construye su regulación.

Respondiendo a la pregunta de si la distinción entre "ser" y "deber ser" es un uso del lenguaje o una distinción ontológica, nos inclinamos a pensar que es un uso del lenguaje derivado de una necesidad epistemológica.

El intelecto puede distinguir entre "ser" y "deber ser" como método de conocimiento, simplificando así la realidad, en la cual no se pueden soslayar lo que, en términos de Hegel, son sus determinaciones recíprocas, sin embargo, esta operación debe ser provisional. Que el "ser" y el "deber ser" sean diferentes no quiere decir que sean indiferentes.[5] Cada uno encuentra su propia determinación sólo en su relación con el otro, cada uno es el "otro" de "su otro", forman una unidad, por lo que no puede establecerse de manera tajante dicha distinción.

---

4 Al respecto, García Huidobro señala: "Si se entiende la naturaleza en forma puramente física o biológica, en el sentido moderno de esas expresiones, es evidente que no sólo no cabe sacar de allí valor alguno, sino que dicha noción no parecería desempeñar ninguna función en la reflexión ética, ya que la ética es el reino de la libertad y el espíritu, mientras que los nudos hechos poco parecen tener en común con estos conceptos. GARCÍA-HUIDOBRO, Joaquín, La 'is/ought question' y el valor del argumento de la perversión de las facultades naturales", en *Revista Persona y Derecho*, Servicio de Publicaciones de Navarra, núm. 29, 1993 [en línea], <http://dadun.unav.edu/bitstream/10171/12816/1/PD_29_06.pdf>.

5 HEGEL, G.W.F., *Ciencia de la lógica*, t. II, trad. de Augusta y Rodolfo Mondolfo, Buenos Aires, Ediciones Solar, 1982, p. 54.

El “ser” es reflejado “en sí” sólo en cuanto es reflejado en el otro, es decir, en el “deber ser” y viceversa. Esta contraposición nos da la diferencia esencial de cada uno de ellos, porque lo que cada uno “es” está determinado por lo que el otro “no es”. A continuación, presentamos una tabla de esta contraposición, sin embargo, no debe olvidarse que esta concepción del “ser” deja fuera la perspectiva ontológica, por lo que es un concepto abstracto, no sólo en relación con el “deber ser”, sino respecto del mismo “ser”. Entonces, la contraposición se presenta entre dos conceptos pensados de forma abstracta, pero además, uno de ellos –o sea el concepto de “ser”– está considerado de forma incompleta, sin la perspectiva ontológica.

Tabla I.

CONTRAPOSICIÓN ENTRE EL “SER” Y EL “DEBER SER”	
“SER”	“DEBER SER”
Son todas las cosas sensibles, las manifestaciones materiales tales como la naturaleza, los objetos, las propiedades de los mismos, los fenómenos sociales, etcétera.	Es una construcción intelectiva que se manifiesta como un conjunto de mandatos o prescripciones para regular la conducta de los seres humanos.
Se encuentra en el plano empírico.	Se encuentra en el plano racional.
Puede ser conocido mediante los sentidos.	A su conocimiento se accede mediante el intelecto.
El lenguaje que habla del ser es descriptivo.	El lenguaje que crea el deber ser es prescriptivo.
El ser es explicado por leyes naturales cuya finalidad es exponer las relaciones constantes entre los fenómenos, su propósito es teórico.	Las normas de conducta tienen como fin provocar un comportamiento, por lo que su propósito es práctico.
Las leyes naturales son verdaderas si las relaciones que describen se confirman empíricamente, es decir, si son confirmadas en los hechos.	Las normas de conducta son válidas independientemente de que se verifiquen en la experiencia, su validez depende de que aquello que postulan como “deber ser” sea intrínsecamente valioso.
El concepto *a priori* que posibilita el conocimiento del “ser” es la causalidad.	El concepto *a priori* que hace posible tener experiencias en el ámbito del deber ser es la libertad.

En esta tabla se considera al "ser" como es pensado en el ámbito científico, el cual se aboca exclusivamente al estudio de los entes, concepción a la que se ha limitado también la ética al rechazar la perspectiva ontológica. Lo anterior, puede ayudar a evidenciar que la reducción del "ser" únicamente a lo fáctico hace muy difícil construir un fundamento objetivo de la ética, es decir, pasar del "ser" al "deber ser", punto prohibido por la falacia naturalista. Tal vez si se contemplara la perspectiva ontológica, considerando la naturaleza o esencia del hombre, la falacia se desvanecería.

Sin embargo, tampoco se deja de atender a lo óntico como fundamento de lo normativo. Se busca que la tabla se vea como una unidad, dividida en dos sólo para efectos epistemológicos. En ella se observa como el "ser" es lo que el "deber ser" no es y viceversa; son diferentes, pero esto no quiere decir que no tengan relación, puesto que cada uno existe porque "su otro", o sea, su "no ser" existe. Se puede pensarlos de manera separada para estudiarlos, pero no se pueden mantener separados porque se estarían considerando "en sí",[6] es decir, de manera abstracta; se tienen que unir para pensarlos de manera concreta, esto es, en su totalidad.

El conocimiento tiene una parte empírica que es la que proporciona la percepción directa e inmediata de los objetos a través de los sentidos, y una parte racional que es la que nos permite "pensar" esos objetos mediante determinados conceptos. Podría decirse que la primera le proporciona al conocimiento la materia y la segunda, la forma. Es incuestionable que, tanto la ética como el derecho, tienen una parte racional en la que se generan las ideas *a priori*, sin las cuales no sería posible tener experiencias morales o jurídicas,[7] pero también tienen una parte empírica, pues es al "ser", o sea a la conducta humana, a la que sus conceptos dan forma y a la que pretenden regular, constituyéndose el "deber ser" en un parámetro de su valoración.

---

[6] Al respecto, Hegel escribe que "[algo] está *en sí*, cuando [...] es sólo una determinación abstracta [...] cuando se abstrae de todo ser -para- otro [...] El *ser -en- sí* tiene que tomarse habitualmente como una manera abstracta de expresar el concepto". Hegel, G.W.F., *Ciencia de la lógica*, *op. cit.*, p. 155.

[7] Saucedo González, José Isidro, coord., *Epistemología jurídica*, México, Tirant lo Blach/UNAM, Facultad de Derecho, 2020 (Obras de Maestría), p. 183.

Refiriéndonos específicamente al ámbito jurídico, el "análisis cultural del derecho", teoría creada por el profesor Paul Kahn de la Universidad de Yale, recalca que el derecho está asentado en una cultura "cuyas características lo influyen de una manera decisiva y el derecho influye también en esa cultura en la cual se asienta o se basa",[8] incluso este análisis hace "explícitas las condiciones culturales que hacen posible y necesarias las creencias y las prácticas del Estado de Derecho".[9]

Como se observa, hay una retroalimentación, un movimiento entre "ser" y "deber ser", es decir, entre la cultura y el derecho. El derecho es derecho y es cultura, la cultura es cultura y es derecho, porque cada uno tiene su determinación en el otro y, a su vez, en sí mismos, porque el otro está dentro de cada uno.[10] Pues bien, en la construcción de lo normativo es necesario atender al "ser" desde la perspectiva óntica, de lo contrario generaríamos pensamientos sin contenidos, como lo señala la bella metáfora de Kant: "los pensamientos sin contenidos son vanos; las intuiciones sin conceptos son ciegas".[11]

Si se cree que sólo de la razón surge el conocimiento, se tendrán pensamientos sin contenido, porque no se posee la información que proporciona la experiencia (el ser) a la cual poder aplicar nuestros conceptos. Al contrario, si se cree que el único origen del conocimiento humano es la experiencia, entonces habrá intuiciones ciegas porque no se cuenta con conceptos para pensar la información que se obtuvo mediante la experiencia.

---

[8] Berumen Campos, Arturo y Erika García Landeros, "El *a priori* cultural del derecho", en *Revista del Seminario de Filosofía del Derecho*, UNAM, 2018, p. 4.

[9] *Ibidem*, p. 10.

[10] "Cada uno es sí mismo y su otro; por tanto, cada uno tiene su *determinación* no en un otro, sino *en el mismo*. Cada uno se refiere a sí mismo, sólo como refiriéndose a otro, Esto tiene un doble aspecto: cada uno es relación a su no-ser como superación de este ser-otro en sí; de ese modo su no-ser es sólo un momento en él. Pero, por otro lado, aquí el ser-puesto se ha vuelto un ser, un indiferente subsistir; el otro de sí mismo, que cada uno contiene, es por ende también el no-ser de aquél, donde tiene que ser contenido sólo como momento. Por consiguiente, cada uno existe sólo porque su no-ser existe, y precisamente en una relación idéntica". Hegel, G.W.F., *Ciencia de la lógica*, *op. cit.*, p. 54.

[11] Kant, Immanuel, *Crítica de la razón pura*, trad. de Pedro Ribas, Barcelona, Editorial Taurus, 2005, p. 62.

Sin embargo, como fundamento de lo normativo no se puede considerar al "ser" reducido sólo a lo fáctico, se necesita incluir la perspectiva ontológica, que en la ética aristotélica parte de la naturaleza o esencia del hombre. A decir de Alasdair MacIntyre, en la ética teleológica del estagirita es fundamental el contraste entre "el – hombre – tal– como – es" y "el – hombre – tal – como – podría – ser – si – realizara– su – naturaleza – esencial".[12]

El hombre "tal como es", describe una naturaleza humana en su estado de "no educada", la cual requiere ser transformada por los preceptos éticos para alcanzar su naturaleza humana tal como podría ser si realizara su *telos.* Y estos preceptos éticos, estos pasos para que el hombre transite de una a otra naturaleza son conocidos mediante la razón del hombre, la cual también es parte de su naturaleza, pues es inherente a la naturaleza del hombre la facultad de razonar.

Sin embargo, el rechazo de la ética aristotélica anuló la posibilidad de fundamentar los enunciados normativos en la esencia o naturaleza del hombre, reduciendo la concepción del "ser" a lo fáctico, lo que, en cierto grado, explica la construcción de la falacia naturalista.

I.2. La falacia naturalista

> *[...] el temor de incurrir en la falacia naturalista ha conducido demasiado a menudo a discusiones bizantinas [...] relegando más y más en el olvido a la ética en tanto que dedicación seria.*
>
> M. Warnock

En las prácticas jurídicas casi nunca se reflexiona sobre el tipo de justificación en el que se basan los propios juicios morales, así como tampoco en el que se fundamentan los diferentes operadores jurídicos para realizar su función. ¿Con base en qué se decide, ordena y argumenta lo que se debe hacer? Generalmente la respuesta tiene como base el bien o lo que es bueno, pero ¿qué es lo *bueno*?

---

12 MacIntyre, Alasdair, *Tras la virtud*, trad. de Amelia Valcárcel, Barcelona, Editorial Crítica, 2004, p. 76.

Este es un gran problema no sólo para la ética y el derecho, sino para las ciencias en general (o al menos así debería ser) y para todos los ámbitos de la conducta humana. Son inconmensurables los análisis al respecto (no es este el lugar para entrar a fondo en el tema). Sin embargo, algunos autores creen que la falacia naturalista surge a partir de dicha pregunta, es decir, ¿qué es lo bueno?

A inicios del siglo XX, George Moore se planteó dicho cuestionamiento.[13] Para el filósofo inglés las preguntas básicas de la ética son principalmente dos: ¿qué clase de cosas deben existir por mor

---

[13] Si bien algunos autores consideran que Hume se refirió a la falacia naturalista en la misma manera en que lo hace la lógica formal, el filósofo mexicano Enrique Dussel comparte la opinión de Alasdair MacIntyre en el sentido de que esto es dudoso, entre otras razones, porque "en todo el tratamiento de las cuestiones éticas Hume parte del "ser" del ser humano (*to be*) en el nivel de los sentimientos, pasiones, placer o felicidad para, con referencia a ellos, situar los problemas éticos del "deber ser" (*ought to be*)". DUSSEL, Enrique, "Algunas reflexiones sobre la 'falacia naturalista" (¿Pueden tener contenidos normativos implícitos cierto tipo de juicios empíricos?)", en *Diánoia*, UNAM, vol. XLVI, núm. 46, mayo, 2001, p. 66. En su *Tratado de la naturaleza humana*, David Hume señala que "[en] todo sistema moral de que haya tenido noticia, hasta ahora, he podido siempre observar que el autor sigue durante cierto tiempo el modo de hablar ordinario, estableciendo la existencia de Dios o realizando observaciones sobre los quehaceres humanos, y, de pronto, me encuentro con la sorpresa de que, en vez de las cópulas habituales de las proposiciones: es y no es, no veo ninguna proposición que no esté conectada con un *debe* o un *no debe*. Este cambio es imperceptible, pero resulta, sin embargo, de la mayor importancia. En efecto, en cuanto que este *debe* o *no debe* expresa alguna nueva relación o afirmación, es necesario que ésta sea observada y explicada y que al mismo tiempo se dé razón de algo que parece absolutamente inconcebible, a saber: cómo es posible que esta nueva relación se deduzca de otras totalmente diferentes". HUME, David, *Tratado de la naturaleza humana*, 2a. ed., Madrid, Tecnos, 1992, p. 633 y 634. Esta cita es interpretada de diferentes formas según la vertiente filosófica a la que se adhiera cada interprete. Dussel, siguiendo a MacIntyre, señala que el término "inconcebible" hace referencia, no a que no pueda ser válido el pasaje del "ser" al "deber ser", sino a que "no se haya tomado conciencia explícita del problema [...] Hume sí está tomando conciencia de que se trata de una 'nueva relación' (la 'validez normativa' no se confunde ya con la mera 'existencia', de las pasiones, emociones, etc.)". DUSSEL, Enrique, "Algunas reflexiones sobre la 'falacia naturalista", *op. cit.*, p. 67. Para Dussel, si esta interpretación es adecuada, "Hume no hablaría de la 'falacia naturalista', por el contrario, nos está diciendo que el 'deber-ser (*ought*)' ético se infiere o fundamenta en el 'es (*is*)', entendido éste en el nivel de los sen-

de sí mismas? y ¿qué clase de acciones debemos llevar a cabo? Para responder a la primera, se centra en lo que es bueno en sí mismo o tiene un valor intrínseco; para responder a la segunda, analiza qué acciones son correctas y por lo tanto son nuestra obligación.

Según Moore, el predicado "bueno" no se puede definir, porque para él una definición tiene que establecer cuáles son las partes que componen algo, y considera que "bueno" es un término simple, sin partes, por lo que no puede ser sometido a análisis. "Bueno" es, para este filósofo, uno de muchos "términos últimos" con relación a los cuales todo lo que puede ser definido debe definirse. Para él, la bondad intrínseca se intuye al contemplar la naturaleza específica del objeto que la posee,[14] por ello, algunos autores lo consideran intuicionista. Al respecto, en su libro *Principia ethica*, señala lo siguiente: "Si se me pregunta '¿qué es bueno?', mi respuesta es que bueno es bueno, y ahí acaba el asunto. O, si se me pregunta '¿cómo hay que definir bueno?', mi respuesta es que no puede definirse, y eso es todo lo que puedo decir acerca de esto".[15]

Para ejemplificar lo anterior, Moore hace una analogía de la noción "bueno" con la noción "amarillo", pues considera a ambos simples e indefinibles, así señala:

> Puede ser verdad que todas las cosas que son buenas son *también* algo más, tal como es verdad que todas las cosas amarillas producen una cierta clase de vibración lumínica. Y es un hecho que la ética pretende descubrir cuáles son aquellas otras propiedades que pertenecen a todas las cosas buenas. Pero un enorme número de filósofos han pensado que, cuando nombran esas otras propiedades, están definiendo "bueno" realmente, y que no son, de hecho, "otras" sino absoluta y enteramente iguales a la bondad. A esta postura propongo que se la llame *falacia naturalista*.[16]

---

timientos, el placer, la felicidad, las pasiones [...]". DUSSEL, Enrique, "Algunas reflexiones sobre la 'falacia naturalista", *op. cit.*, p. 67.

[14] George Edward Moore (*Principia ethica*), *apud* KANIA, Witold, "*Principia ethica* de G.E. Moore y los comienzos de la ética analítica", en *Śląskie Studia Historyczno-Teologiczne*, t. 39, z. 2, 2006, p. 357 [en línea], <https://rebus.us.edu.pl/bitstream/20.500.12128/10076/1/Kania_Principia_ethica_de_G_E_Moore.pdf>.

[15] *Ibidem*, p. 350.

[16] *Idem*.

Vemos entonces la encrucijada a la que nos lleva la reducción del "ser" a lo óntico, pues Moore reduce lo bueno a una propiedad de las cosas, siendo que lo bueno no puede percibirse por los sentidos, lo que él mismo parece afirmar al señalar como falaz la creencia de que se está definiendo lo bueno de las cosas cuando en realidad se están nombrando otras propiedades, que junto con lo bueno, se encuentran en las cosas buenas.

La concepción de la naturaleza en Moore se limita a lo siguiente:

> Con "naturaleza" doy y he dado a entender –indica Moore– lo que constituye el tema de las ciencias naturales y también de la psicología. Puede decirse que incluye todo lo que ha existido, existe o existirá en el tiempo. Cuando consideramos si un objeto cualquiera es de tal naturaleza que pudiera decirse que existe ahora, ha existido o está a punto de existir, entonces, podemos saber que tal objeto es un objeto natural y que ninguno del que no pueda decirse con verdad tal cosa lo es.[17]

Es decir, para él la naturaleza se limita a lo fáctico, a los entes, a los que, si bien debe atender la ética, no le proporcionan su fundamento. Este filósofo critica las teorías "naturalistas" de la ética, es decir, las que cometen la falacia naturalista al pensar que la cosa con respecto a la cual se define lo bueno es un objeto natural. En este caso está el hedonismo y el utilitarismo ético, cuyos máximos exponentes son Bentham y Mill. Por otro lado, critica también las teorías metafísicas de la ética, las que considera cometen la falacia naturalista al pensar que el objeto respecto al cual lo bueno es definido es un objeto perteneciente al mundo suprasensible, entre estas teorías se encuentran las de los estoicos y la teoría kantiana.

Como se indicó antes, para Moore lo que es bueno en sí es conocido por intuición, lo bueno es "evidente de suyo" y los actos correctos son aquellos que se constituyen como las causas de lo que es bueno en sí. Al no definir "bueno", ni en referencia a lo empírico ni a lo racional, su postura profundizó la ruptura entre la parte teórica de la ética, encargada de la cuestión de lo bueno y la parte práctica, que determina que es lo correcto o lo que se debe hacer, lo que se tradujo en la imposibilidad de una fundamentación objetiva

---

[17] *Ibidem*, p. 351.

y abrió el camino a la falacia naturalista tal como es descrita por la lógica formal. Al respecto Dussel señala:

> En este caso, no sólo no pueden deducirse enunciados éticos (*ought to be*) de enunciados fácticos (*to be*), sino que el nivel normativo mismo ha sido destituido de toda objetividad racional, con lo cual aún la posición valorativa de Moore queda confinada a una "subjetividad" donde los valores están faltos de toda consistencia "objetiva" (e intersubjetiva).[18]

Y es que, en Moore, el conocimiento de "lo bueno" y por lo tanto de "lo malo" queda reducido a una vaga intuición y, como tal, al ámbito interno del sujeto que conoce, sin posibilidad de tener un carácter vinculatorio para los demás sujetos. Por supuesto esto tiene graves consecuencias, pues conduce a la ética a un relativismo en el cual ninguna conducta es intrínsecamente buena ni mala, por lo que todo puede ser justificado. Ahora bien, como se ha señalado, para la lógica formal la falacia naturalista es un razonamiento inválido que consiste en un argumento que deriva una conclusión normativa a partir de premisas fácticas. La conclusión entonces agrega algo que no estaba contenido en las premisas, pues éstas se refieren a cómo son las cosas y no a cómo deberían ser, por lo que este razonamiento es considerado como falaz.

Aunado a ello, para los filósofos analíticos los juicios de valor, al ser juicios subjetivos, no tienen validez científica. Al respecto, Ayer señala: "Los juicios de valor [...] en la medida en que no son científicos, no son, literalmente hablando, significativos, sino que son simples expresiones de emoción que no pueden ser verdaderas ni falsas".[19] Al parecer, Ayer está considerando solamente la teoría emotivista ética, que fundamenta el deber ser en las emociones, es decir, en lo óntico y no en lo ontológico, lo cual tiene también consecuencias negativas, pues se deja al ámbito normativo sin posibilidad de contar con una fundamentación objetiva, al menos desde la lógica formal.[20]

---

[18] Dussel, Enrique, "Algunas reflexiones sobre la 'falacia naturalista'", *op. cit.*, pp. 70 y 71.

[19] *Idem.*

[20] Cabe señalar que, para algunos autores, en las ciencias sociales no es posible hablar de una *objetividad*, es decir, en estas ciencias no es posible expresar la

La figura de la falacia naturalista es trasladada al ámbito jurídico, siendo un argumento muy empleado por los pensadores iuspositivistas en contra del "derecho natural". Hans Kelsen, máximo exponente de esta corriente iusfilosófica, señala:

> Nadie puede negar que la afirmación de que "algo es" –esto es, el enunciado con el cual se describe un hecho real–, es esencialmente diferente del enunciado que dice que "algo debe producirse", esto es: del enunciado con el cual se describe una norma; y que, en consecuencia, de que algo exista no puede seguirse que algo deba existir, de igual modo a que de que algo deba ser, no puede seguirse que algo sea.[21]

Para quien se adhiere a la corriente iuspositivista, quien se atreva a poner en duda la falacia naturalista no puede considerarse como un científico del derecho.[22] Pero ¿no es posible establecer proposiciones deónticas a partir de proposiciones ónticas?, ¿es realmente incuestionable? Por un lado, aun cuando no pudiera realizarse una deducción lógica de un principio ético partiendo de premisas de hecho,[23] la lógica formal no es la única manera de

---

realidad tal cual es, porque los hechos sociales que éstas estudian pueden ser interpretados de múltiples formas según el horizonte hermenéutico del interprete, por lo tanto, en las ciencias sociales, a lo sumo puede corresponderles en lugar de una objetividad a secas, una objetividad intersubjetiva, resultado del acuerdo interpretativo construido por una comunidad cultural. Berumen Campos, Arturo, "La nueva interpretación constitucional", conferencia dictada en la Universidad Autónoma Metropolitana, Unidad Azcapotzalco, febrero, 2020.

[21] Kelsen, Hans, *Teoría pura del derecho*, México, Editorial Porrúa/UNAM, 1991, p. 19.

[22] La gran controversia que provoca el tema sobre la cientificidad del derecho, si bien no es este el lugar para profundizar sobre el tema, sólo se quiere sugerir a los lectores plantearse la pregunta acerca de si el derecho se parece más a una ciencia, o bien, a un arte.

[23] Es interesante conocer otras propuestas para fundamentar lógicamente el "deber ser" en relación con el "ser". Enrique Dussel propone llegar a inferencias normativas partiendo de juicios empíricos con un contenido de normatividad (premisa mayor) y de juicios empíricos de conclusiones científicas de las ciencias sociales (premisa menor). El enunciado que opera como premisa mayor debe ser descriptivo y al mismo tiempo normativo, pero no necesariamente como un juicio de valor y debe referirse en el nivel material a la vida humana. Como ejemplo señala el siguiente: "1. El ser humano es un ser viviente. 2. Juan es un ser humano, y tiene por ello cerebralmente conciencia, autoconciencia y

fundamentar tales principios.[24] *Los principios éticos pueden ser fundamentados también desde el humanismo, la teleología, la dignidad humana, etcétera.*

Respecto a si es incuestionable, se considera que no es así, puesto que ese paso que la lógica formal considera indebido se realiza cotidianamente. Pero, sobre todo, se considera que el cuestionamiento que deberíamos formular a la falacia es en cuanto a su aplicación determinante en el ámbito ético y en el jurídico, sin embargo, como buenos dialécticos, primero se resaltará su utilidad.

Tal vez la falacia naturalista sea útil, así como la distinción entre "ser" y "deber ser", desde un punto de vista epistemológico. Por ejemplo, su estructura puede develarnos que la relegación de la mujer al ámbito privado y a las tareas de reproducción (cuidado de los hijos, del hogar, de los enfermos, de las personas mayores, etcétera) y su consecuente exclusión del ámbito público, esto es, de la vida económica, política y cultural de la sociedad, puede provenir, precisamente, de una falacia naturalista.

Las premisas de esta falacia pueden referirse a la naturaleza, como cuando se señala, haciendo una identificación de lo natural con lo bueno, que en la naturaleza las hembras son las que, exclusivamente, se encargan del cuidado, alimentación y protección de sus crías, por lo tanto, las mujeres también deben dedicarse, exclusivamente, al cuidado de sus hijos y todo lo que ello implica. O bien, las premisas pueden referirse a las conductas que se han ve-

---

responsabilidad sobre su vida. 3. Cuando Juan tiene hambre intenta producir y reproducir su vida comiendo. 4. Para seguir siendo un viviente responsable, Juan debe comer". El filósofo señala que, en este ejemplo, la responsabilidad sobre la propia vida es la condición de posibilidad de la normatividad. DUSSEL, Enrique, "Algunas reflexiones sobre la 'falacia naturalista'", *op. cit.*, *passim.*

24 No se pretende negar la importancia de la lógica en el ámbito normativo. Por ejemplo, existen teorías lógicas, como la teoría del principio de la consistencia genérica de Alan Gewirth que pueden ser muy útiles como fundamentación de los derechos humanos, pero ninguna ciencia, a excepción de las matemáticas, es sólo forma; los aportes de la lógica formal son muy importantes, pero, sobre todo, en las ciencias sociales se deben tomar como una de varias posibles perspectivas para abordar un problema. Para una aproximación a la teoría de Alan Gewirth, consúltese GARCÍA LANDEROS, Erika, *El fundamento de los derechos humanos como la mejor seguridad de su cumplimiento*, Tesis de licenciatura, México, UNAM, Facultad de Derecho, 2005, capítulo I.

nido verificando a lo largo del tiempo, por ejemplo: "Mi abuela y mi madre son mujeres, mi abuela y mi madre nunca trabajaron, mi esposa es mujer (o yo soy mujer), por lo tanto, no debe trabajar".

Como se puede notar, se pasa del "es" al "debe ser" sin más. En la vida cotidiana, estos argumentos suelen esgrimirse como una realidad palmaria evidente, por lo que, a pesar de las múltiples exigencias de las mujeres a lo largo de la historia por el respeto a sus derechos, aún hoy en día no existen las condiciones que permitan su desarrollo personal, ni en el ámbito privado ni en el público, es decir, ni en la convivencia familiar y social, ni en la arquitectura estatal.

Las falacias correlativas a las anteriores pueden ser las siguientes: en la naturaleza, "son los machos los que se encargan de proveer de alimento a la hembra y a sus crías, por lo tanto, los hombres son quienes deben encargarse de proveer de alimento a su familia". O bien, "mi abuelo y mi padre son hombres, mi abuelo y mi padre se encargaron siempre, exclusivamente, de la manutención familiar, yo soy hombre, por lo tanto, yo (o mi esposo) debo encargarme, exclusivamente, de la manutención de mi familia".

A pesar de que, en las sociedades patriarcales, los hombres detentan una posición privilegiada, también se les imponen gravámenes y prohibiciones muy difíciles de encarar, sobre todo cuando el sistema económico entra en crisis.

Si como señala Habermas: "nos individualizamos socializándonos",[25] estar conscientes de esta falacia nos permitiría generar las condiciones para una socialización diferente y, por lo tanto, también para una individualización de la que resulten mujeres y hombres libres y solidarios. Sobre todo, en estos momentos en los que, desgraciadamente, la mujer está siendo sometida, además de su opresión histórica, a las más crueles violencias.

Los ejemplos de las falacias se limitan, por supuesto, a lo óntico; si se pensara el ser de la mujer y del hombre, es decir, su esencia, el paso del "ser" al "deber ser" sería incluso una consecuencia lógica. ¿Cuál es la naturaleza o esencia de los seres humanos? Según Aristóteles es que somos seres racionales, nuestro fin a alcanzar es

---

[25] HABERMAS, Jürgen, *La inclusión del otro*, trad. de Velasco Arroyo, Barcelona, Editorial Paidós, 1999, p. 194.

el máximo fin de todos: la felicidad, que no sólo es fin, sino que se genera mediante el ejercicio de las virtudes durante toda la vida. Si bien partimos de un estado "ineducado", la ética nos hace capaces de entender cómo transitar de lo que somos a lo que podemos ser si realizamos nuestra naturaleza esencial.

Ahora bien, llevar al extremo la falacia naturalista etiquetando como tal cualquier identificación entre "ser" y "deber ser", o desacreditando cualquier intento objetivista de fundamentar los contenidos normativos a partir de afirmaciones sobre la realidad, tiene consecuencias negativas.

La falacia naturalista se ha convertido en un dogma, se cree que presentarla como una objeción no admite ninguna réplica. Por lo tanto, el señalamiento de que el argumento opuesto comete la falacia puede ser utilizado para generar una reacción de rechazo a una idea, o bien, para evadir la responsabilidad de presentar más razones para defender el propio argumento. En otros casos, su utilización hace obscura la argumentación. Por ejemplo, en la resolución emitida por la Suprema Corte de Justicia de nuestro país, en las acciones de inconstitucionalidad presentadas por la Comisión Nacional de los Derechos Humanos (CNDH) y por la Procuraduría General de la República, hoy Fiscalía General de la República (FGR), respecto de diversas reformas al Código Penal y a la Ley de Salud del entonces Distrito Federal, con relación al delito de aborto, se presentó el siguiente argumento:

> Del hecho de que la vida sea una condición necesaria de la existencia de otros derechos establecidos expresamente en la Constitución no puede válidamente considerarse a la vida como el derecho de goce de preeminencia frente a cualquier otro derecho. Esto es, del hecho de que la vida sea una condición necesaria para el disfrute de los demás derechos no puede extraerse una conclusión valorativa de que la vida sea más valiosa que los demás derechos fundamentales, pues con ello se incurre en lo que se conoce como falacia naturalista que consiste en deducir conclusiones normativas a partir de premisas que sólo contienen información de hechos, citándose, como ejemplo, que

> bajo la concepción que no se acepta implicaría que el derecho a alimentarse es más valioso e importante que el derecho a la vida, por ser el primero condición del segundo.[26]

Nos parece que no tiene sentido hacer alusión a la falacia naturalista, porque una cosa es que la vida sea un presupuesto necesario para ejercer los demás derechos, lo cual es un hecho del que se deriva su protección normativa de la vida (como se indicó, realizando el paso del "ser" al "deber ser" cotidianamente) y otra muy distinta, que el derecho a la vida sea superior a otros derechos. Al parecer aquí el problema no se sitúa en pasar del "ser" al "deber ser", sino que se da "únicamente" en el nivel valorativo de los derechos.

Al respecto, Atienza y González-Meneses señalan que en esta valoración "la vida humana no nos suministra, en nuestros juicios morales, razones de carácter absoluto sino, simplemente, razones *prima facie* que, consideradas todas las circunstancias, pueden resultar o no concluyentes".[27] Este autor señala diversos supuestos en los que justificamos acciones que atentan contra la vida, ya sea la propia o la de otros, como el suicidio, la eutanasia, la pena de muerte, el aborto, etc. Como se puede ver, la vida humana es un valor que puede entrar en conflicto con otros valores, pero ese conflicto nada tiene que ver con la falacia naturalista. Aunado a su uso excesivo, otro problema que genera la falacia es que si la indagación de lo que es "bueno" se da sólo en el plano racional, las prescripciones normativas se reducirían a entes vaporosos, sin ningún afianzamiento en la realidad. Claro que tampoco se puede caer en lo contrario, pues si la indagación se da sólo en el plano empírico, dichas prescripciones se derivarían únicamente de intuiciones sensibles o emociones sin carácter vinculatorio.

---

[26] Suprema Corte de Justicia de la Nación, *Constitucionalidad de la despenalización del aborto en el Distrito Federal*, México, Suprema Corte de Justicia de la Nación/UNAM, Instituto de Investigaciones Jurídicas, 2009 (Decisiones Relevantes de la Suprema Corte de Justicia de la Nación, 46) [en línea], <https://sistemabibliotecario.scjn.gob.mx/sisbib/CST/77151/77151.pdf>.

[27] Atienza, Manuel y Manuel González-Meneses, "Debate sobre el proyecto de nueva regulación del aborto", en *Revista de Bioética y Derecho*, Universidad de Barcelona, núm. 16, abril, 2009, p. 8.

De lo anterior, se concluye que es necesario dejar de pensar todo el tiempo, en términos binarios, y no sólo en cuanto al binomio ser-deber ser, sino también en cuanto a lo femenino-masculino, individuo-sociedad, teórico-práctico, cuantitativo-cualitativo, sensibilidad-racionalidad, etc., ya que el pensar en términos dicotómicos implica hacer la abstracción de una de las partes, lo que, si bien tiene beneficios epistemológicos al olvidar que se trata de una abstracción, conduce a percibir los fenómenos de manera parcial, por lo que se convierte no sólo en una camisa de fuerza, sino también en una trampa.

La ética y el derecho como sistemas formales no pueden justificarse a sí mismos en su totalidad. Sería completamente ilógico pensar al derecho sin atender, por ejemplo, a sus fuentes materiales, es decir, sin considerar las circunstancias sociales, económicas, culturales, políticas, entre otras, que los legisladores han de tomar en cuenta para la creación de las normas jurídicas. Incluso en el derecho, la ley autoriza la derivación de normas a partir de hechos, como es el caso de los usos y costumbres que constituyen una de sus fuentes, sin considerarse, por supuesto, como una falacia naturalista. Pensar la ética completamente desvinculada de la realidad nos ha conducido, como señala Massini-Correas, al referirse a la falacia naturalista, "a la perplejidad, el desconcierto y el extrañamiento de lo humano",[28] lo que MacIntyre traducirá como una "catástrofe moral" y el Dr. Arturo Berumen como "las desventuras de la virtud".

---

[28] Massini Correas, Carlos Ignacio, "La falacia de la falacia naturalista", en *Persona y Derecho. Revista de Fundamentación de las Instituciones Jurídicas y de Derechos Humanos*, Universidad de Navarra, núm. 29, 1993, p. 95.

I.3. Los valores

Hay muchas maneras de entender el bien.
Aristóteles

La forma moral provee de posible máscara a casi cualquier cara.
MacIntyre

¿Que son los *valores*? Los valores son el criterio de juicio de las elecciones morales, su norma o guía. En el mundo antiguo, lo valioso era aquello que contribuía a una vida conforme a la razón. Se concebía una distinción entre los valores intrínsecos o finales y entre los valores extrínsecos o instrumentales. Los primeros se refieren a la virtud, es decir el fin, que debía ser elegida en todos los casos; y por los segundos, los bienes que deben preferirse, o sea los medios. En las cosas espirituales estos eran el ingenio, el arte, el progreso, etc.; en las cosas corporales, la fama, la salud, la fuerza, la belleza; y entre las cosas externas, la riqueza, la fama y la nobleza.[29]

En la modernidad, a partir de la concepción subjetiva del *bien* de Hobbes, el *valor* se convierte en un juicio subjetivo, que en este pensador atendía a la necesidad. Podría decirse que se eliminó el valor intrínseco, es decir, la virtud, convirtiéndose los valores instrumentales en el único juicio de elección moral, así el valor perdió su carácter absoluto.

Aunque para algunos pensadores como Hartmann, los valores son verdaderos objetos que, aun cuando no son reales como los de las ciencias naturales, son independientes de las opiniones subjetivas, pues tienen un "ser en sí" inmutable y absoluto.[30] Para otros, como Simmel, el valor no es una entidad objetiva, pues su "objetividad" sólo es el resultado de la correlación entre sujeto y objeto, los valores son únicamente los que las personas reconocen como tales en ciertas condiciones, por lo que no son absolutos.[31]

---

[29] ABBAGNANO, Nicola, *Diccionario de filosofía*, voz: "valor", 2a. ed., trad. de Alfredo N. Galletti, México, Fondo de Cultura Económica, 1974, p. 1173.

[30] *Ibidem*, p. 1175.

[31] *Ibidem*, p. 1176.

En la modernidad se han atribuido al valor dos características opuestas, o son absolutos o son relativos, esto parece depender de la perspectiva ontológica u óntica, es decir, de si se parte del modo de ser del valor "en sí mismo" o de su modo de ser en la historia. Una perspectiva completamente distinta del valor y del punto de partida de su análisis es la de Kant, quien separa el valor del ser, tanto óntico como ontológico, situándose exclusivamente en el plano del "deber ser", pues en él el valor es identificado con la moral misma, hacer el bien por el deber y no por inclinación. Un abordaje interesante de los valores es también el de Max Weber, para quien la historia no es una incesante creación de valores, sino una incesante lucha entre valores diferentes.

Ahora bien, en la actualidad, al imperar una concepción óntica del valor se hace importante señalar la diferencia entre *virtudes* y *valores*. Los valores son criterios de elecciones morales personales, mientras que las virtudes son hábitos, modos de ser que pueden ser innatos, pero que también pueden construirse en la interacción con los demás. Aristóteles distingue entre las pasiones, las facultades y los modos de ser o virtudes, los tres se encuentran en el alma y por lo tanto no hay razón de conflicto entre ellos. Aristóteles señala:

> Entiendo por pasiones, apetencia, ira, miedo, coraje, envidia, alegría, amor, odio, deseo, celos, compasión y, en general, todo lo que va acompañado de placer o dolor. Por facultades, aquellas capacidades en virtud de las cuales se dice que estamos afectados por estas pasiones, por ejemplo, aquello por lo que somos capaces de airarnos, entristecernos o compadecernos; y por modos de ser, aquello en virtud de lo cual nos comportamos bien o mal respecto de las pasiones, por ejemplo, en cuanto a encolerizarnos, nos comportamos mal, si nuestra actitud es desmesurada o débil, y bien, si obramos moderadamente; y lo mismo con las demás. Por tanto, ni las virtudes ni los vicios son pasiones, porque no se nos llama buenos o malos por nuestras pasiones, sino por nuestras virtudes y nuestros vicios; y se nos elogia o censura no por nuestras pasiones (pues no se elogia al que tiene miedo ni al que se encoleriza, ni se censura al que se encoleriza por nada, sino al que lo hace de cierta manera), sino por nuestras virtudes y vicios. Además, nos encolerizamos o tememos sin elección deliberada, mientras que las virtudes son una especie de elecciones o no se adquieren sin elección.

> Finalmente, por lo que respecta a las pasiones se dice que nos mueven, pero en cuanto a las virtudes y vicios se dice no que nos mueven, sino que nos disponen de cierta manera. Por estas razones, tampoco son facultades; pues ni se nos llama buenos o malos por ser simplemente capaces de sentir pasiones, ni se nos elogia o censura. Además, es por naturaleza como tenemos esta facultad, pero no somos buenos o malos por naturaleza (y hemoslo hablado antes de esto). Así pues, si las virtudes no son ni pasiones ni facultades, sólo resta que sean modos de ser.[32]

En Aristóteles el bien del hombre no puede pensarse sin referirse a las virtudes. Para que el hombre alcance el fin al que su naturaleza tiende, es decir, su felicidad, "debe" ejercer sus virtudes, que son las cualidades cuya posesión hace a los seres humanos capaces de transitar de su estado "ineducado" al estado que podría alcanzar si realizara su naturaleza esencial. Pero las virtudes no son sólo un medio para alcanzar la felicidad, sino que ellas mismas generan felicidad, y debe vivirse conforme a ellas toda la vida, pues, señala el estagirita: "una golondrina no hace verano, ni un solo día, y así tampoco ni un solo día ni un instante bastan para hacer venturoso y feliz". Como se indicó antes, otra diferencia entre las virtudes y los valores como se conciben en la modernidad es que la virtud no puede realizarse apartado de otros seres humanos, sólo puede ejercerse en comunidad.

Hasta ahora se ha expuesto, *grosso modo*, la separación tajante entre "ser" y "deber ser", la concepción incompleta del ser sólo desde la perspectiva óntica, las consecuencias negativas de la falacia naturalista y la pérdida del carácter absoluto del valor. Sin embargo, estos no son los únicos motivos que nos han llevado a la catástrofe moral, denunciada por el filósofo escocés Alasdair MacIntyre, por lo que, antes de entrar en el diálogo, ejemplificaremos el desacuerdo moral actual que el filósofo escocés expone en su obra *Tras la virtud*.

MacIntyre ejemplifica el desacuerdo moral actual exponiendo diversos argumentos sobre tres temas morales debatidos en la actualidad: la guerra, la enseñanza y la práctica médica privada, y el

---

[32] ARISTÓTELES, *Ética nicomáquea*, trad. de Julio Palí Bonet, Madrid, Editorial Gredos, 1985 (Biblioteca Clásica Gredos, 89), pp. 165 y 166.

aborto. A efecto de ejemplificar este desacuerdo moral en nuestro contexto cultural y social, expondremos algunas argumentaciones expresadas en torno al tema del aborto.

a) Si ser un ser humano significa ser un miembro de la especie homo sapiens o tener código genético de esa especie, el concebido es un ser humano, por lo tanto, el aborto en cualquier momento de la concepción debe prohibirse porque significa matar a un ser humano.
b) El concebido, antes de las 12 semanas de gestación no puede ser considerado como persona porque no ha desarrollado conexiones neurofisiológicas para poder atribuirle sensaciones tales como dolor, placer, frío o calor. Por lo tanto, el aborto debe estar permitido antes de las 12 semanas de gestación.
c) La mujer tiene derechos sobre su cuerpo, el embrión es parte de su cuerpo, por lo que tiene derecho a decidir si lleva a término o no su embarazo. Por lo tanto, el aborto debe ser legalmente permitido.
d) Los derechos reproductivos deben ejercerse en conjunto por la pareja, el producto de la gestación es hijo tanto del hombre como de la mujer. Por lo tanto, ambos deben decidir.
e) La mujer tiene derechos reproductivos, entre ellos la libertad de decidir si tiene o no hijos. El aborto no protege sus derechos reproductivos porque el ser humano que se encuentra en su cuerpo es, inexorablemente, su hijo. Por lo tanto, la mujer no contó con las condiciones necesarias para ejercer su derecho reproductivo y decidir tener o no un hijo. El aborto no resuelve el problema de fondo.
f) El aborto no puede ser un derecho, no se puede tener derecho a dañar ni a matar. El Estado y la sociedad deben generar las condiciones para que la mujer pueda, efectivamente, ejercer sus derechos reproductivos y no etiquetar como derecho una conducta inmoral.

Como señala MacIntyre, basándose en sus ejemplos, no hay manera de ponderar estos argumentos rivales entre sí, porque emplean conceptos evaluativos totalmente diferentes. Se pretende solucionar el conflicto dilucidando si el embrión es o no un ser humano; o si es o no una persona; o determinando si sólo la mujer o bien la pareja en conjunto debe tomar la decisión de abortar; o si el aborto es un derecho o no. Para este filósofo, la catástrofe moral consiste en que no contamos, en nuestras sociedades, con una manera de resolver los conflictos morales, por lo que estos se vuelven interminables. Pero ¿que causó la catástrofe moral? Para MacIntyre, ante el rechazo de la ilustración de dotar a las normas morales de un fundamento teleológico, el emotivismo adquirió un predominio en la filosofía moral. Si de la naturaleza reducida a lo fáctico no era posible fundamentar preceptos morales, a partir del emotivismo surge la creencia, además, de que los juicios morales son irracionales, pues se fundan en expresiones subjetivas de preferencia, lo bueno se reduce a lo que me causa placer y lo malo a lo que me causa dolor. Tal es el utilitarismo de Bentham.

Entonces, como se observa en los diferentes argumentos sobre el aborto, cada persona se convierte en un "soberano en materia moral, y por lo tanto el Estado no debe hacer más que compatibilizar los proyectos de vida individuales",[33] pues al no existir en nuestra sociedad una noción compartida sobre lo que es bueno tampoco puede existir un proyecto en común. Muy lejos de sus intenciones originales, la ilustración expulsó a la razón del ámbito normativo, en el que reina la subjetividad, limitándola a lo natural en sentido óntico, a lo fáctico. Sirve como ejemplo la frase de Pascal que dice: "la razón es calculadora; puede captar verdades sobre los hechos y relaciones matemáticas, pero nada más. En el reino de la praxis puede hablar, por tanto, solo sobre los medios. Respecto a los fines debe callar".[34] Así, la razón se confinó al ámbito de la técnica y se le amordazó en el de la ética.

La catástrofe moral que vivimos consiste en que, en nuestras sociedades liberales, no hay una moral objetiva, no hay un acuerdo sobre lo que sea lo bueno, no hay un proyecto en común, pero además no hay comunidades. El sistema económico ha creado un

---

[33] ISLER SOTO, Carlos, "Alasdair MacIntyre sobre la virtud y la justicia en Aristóteles", en *Ars Boni et Aequi*, núm. 5, Chile, Escuela de Derecho de la Universidad Bernardo O'Higgins, núm. 5, 2009, p. 206.

[34] *Ibidem*, p. 204.

sujeto solitario, egoísta, que todo el tiempo compite y lucha contra todos. Somos sujetos que nos pensamos libres, pero, como señala Aristóteles, las virtudes sólo pueden ejercerse en comunidad, por lo que sólo se puede ser libre en la misma. Al momento de escribir estas líneas, nos encontramos más solitarios que nunca, aislados de las pocas comunidades que aún sobreviven en el neoliberalismo. Si bien no analizaremos el tema de salud que enfrentamos actualmente, sí se apuntará la importancia de reflexionar sobre las consecuencias jurídicas, políticas, culturales y económicas que éste traerá, así como la importancia de no perder de vista, en los mecanismos que se propongan para mitigar tales consecuencias, que nuestra esencia, nuestra naturaleza, no sólo es racional sino también social.

I.4. Moral y derecho: criterios de distinción

La distinción entre derecho y moral es una variante de la dicotomía "ser"-"deber ser". Su separación es el postulado más importante de la corriente del positivismo jurídico, al que se alude sobre todo a través del argumento de la falacia naturalista. Sin embargo, dentro de esta misma corriente, algunos iusfilósofos han aceptado que este paso se da continuamente y que es inevitable, así como se han reconocido relaciones válidas y útiles entre ambos ámbitos.

En la antigua Grecia, moral y derecho se concebían como diferentes representaciones de la justicia. Aristóteles distingue entre justicia natural y justicia legal; al respecto señala:

> La justicia política puede ser natural y legal; natural, la que tiene en todas partes la misma fuerza y no está sujeta al parecer humano; legal, la que considera las acciones en su origen indiferentes, pero que cesan de serlo una vez ha sido establecida, por ejemplo, que el rescate sea de una mina o que deba sacrificarse una cabra y no dos ovejas, y todas las leyes para casos particulares, como ofrecer sacrificios en honor de Brásidas o las decisiones en forma de decretos. Algunos creen que la justicia es de esta clase, pues lo que existe por naturaleza es inamovible y en todas partes tiene la misma fuerza, como el fuego que quema tanto aquí como en Persia, mientras que las cosas justas observan ellos que cambian. Esto no es así, aunque lo es en un

> sentido. Quizá entre los dioses no lo sea de ninguna manera, pero entre los hombres hay una justicia natural y, sin embargo, toda justicia es variable, aunque hay una justicia natural y otra no natural. Ahora, de las cosas que pueden ser de otra manera, está claro cuál es natural y cuál no es natural, sino legal o convencional, aunque ambas sean igualmente mutables. La misma distinción se aplica a los otros casos: así, la mano derecha es por naturaleza la más fuerte, aunque es posible que todos lleguen a ser ambidextros. La justicia fundada en la convención y en la utilidad es semejante a las medidas, porque las medidas de vino o de trigo no son iguales en todas partes, sino mayores donde se compra y menores donde se vende. De la misma manera, las cosas que son justas no por naturaleza, sino por convenio humano, no son las mismas en todas partes, puesto que tampoco lo son los regímenes políticos, si bien sólo uno es por naturaleza el mejor en todas partes. Cada una de las cosas justas y legales es como lo universal respecto a lo particular: en efecto, los actos son muchos, pero cada una de aquéllas, siendo universal, es una. Hay una diferencia entre el acto injusto y lo injusto, y el acto justo y lo justo. Lo injusto lo es por naturaleza o por disposición, y eso mismo, cuando se realiza, es acto injusto, pero antes de ser realizado, aún no lo es, sino sólo injusto. Y lo mismo el acto justo, pero se le llama, más bien, acción justa a la común, y acto de justicia a la reparación de la injusticia.[35]

De lo anterior se desprende que en la perspectiva aristotélica ley y moral no están separados, pero sí se diferencian; la justicia natural es inamovible, en todas las partes tiene la misma fuerza y no está sometida al parecer de los hombres; por el contrario, la justicia legal o convencional es mutable, no es la misma en todas partes y está sujeta a cada régimen político.

En la antigüedad clásica, la justicia era una virtud que se manifestaba en saber cómo aplicar la ley según la máxima de dar a cada persona lo que merece. Esto implica que para los griegos la virtud de la justicia es anterior a la ley, pues el justo sabe, no sólo como aplicarla sino también cuando debe dejar de aplicarla si de ello se deriva una injusticia.

---

[35] Aristóteles, *Ética nicomáquea*, trad. de Julio Palí Bonet, Madrid, Editorial Gredos, 1993, pp. 254 y 255.

Ya se comentaba, siguiendo el análisis cultural del derecho, que el derecho está asentado en una cultura, cuyas características influyen en su construcción y aplicación. La concepción de la justicia aristotélica era posible porque existía en la comunidad un acuerdo consolidado sobre los criterios de merecimiento (la justicia es dar a cada persona lo que se merece) y sobre la concepción de lo bueno.

Hoy en día, nuestras sociedades no presentan esas condiciones, no existe un acuerdo sobre lo que sea bueno, no existe una comunidad, se concibe al derecho separado de la moral y, además, se ha invertido la relación que tenían en la antigüedad, pues en "la opinión moderna la justificación de las virtudes depende de la previa justificación de las reglas y principios",[36] nuestra moralidad ha sido reducida a lo que permite la ley. Por lo tanto, un buen ciudadano no necesariamente es un buen hombre y una ley jurídica no necesariamente es justa, es decir, el derecho que es, no necesariamente es el derecho que debería ser.[37]

A pesar de ello, incluso el máximo exponente del formalismo jurídico, Hans Kelsen, considera igualmente importantes el plano positivo y el plano axiológico del derecho. Al respecto señala:

> Creo que la filosofía del derecho y la teoría general del derecho tienen idéntica razón de existir. La filosofía del derecho busca responder a la cuestión de saber qué reglas *debe* adoptar o establecer el derecho; en otros términos, su objeto específico es el problema de la justicia. Siendo claro que la justicia es un postulado de la moral, la filosofía del derecho constituye una rama de la filosofía moral o ética. Su método es el método mismo de esta disciplina. Por el contrario, la teoría general del derecho tiene por objeto el derecho tal como es, es decir, el derecho positivo tanto nacional como internacional. Su objetivo consiste en

---

[36] MACINTYRE, Alasdair, *Tras la virtud*, *op. cit.*, p. 153.

[37] Al respecto, el filósofo mexicano Mauricio Beuchot señala: "No parece, pues, que se puedan separar tan fácilmente la moral y el derecho, en vista de que tampoco se pueden separar nítidamente el derecho que *es* y el derecho que *debe ser*". BEUCHOT, Mauricio y Javier Saldaña, *Derechos humanos y naturaleza humana*, México, UNAM, Instituto de Investigaciones Filológicas, 2000 (Cuadernos del Instituto de Investigaciones Filológicas, 22), p. 47.

> analizar la estructura del derecho positivo y fijar las nociones fundamentales del conocimiento de este derecho.[38]

Asimismo, en su obra *El concepto de derecho*, Hart señala que hay una indiscutible existencia de relaciones entre el derecho y la moral, las cuales se manifiestan de formas diferentes. Sin embargo, para el filósofo británico, en ocasiones esta existencia es erróneamente aceptada como signo de una conexión dudosa, por lo que no puede decirse que el desarrollo del derecho haya estado siempre influido por la moral. Lo que no obsta para señalar que:

> [...] hay ciertas reglas de conducta que toda organización social tiene que contener para ser viable. Tales reglas constituyen de hecho un elemento común al derecho y a la moral convencional de todas las sociedades que han alcanzado el punto en que uno y otra se distinguen como formas diferentes de control social.[39]

Posteriormente señala: "Tales principios de conducta universalmente reconocidos, que tienen una base en verdades elementales referentes a los seres humanos, a su circunstancia natural, y a sus propósitos, pueden ser considerados como el contenido mínimo del derecho natural".[40]

Teniendo a la supervivencia humana como objetivo, tanto el derecho como la moral deben incluir tal contenido mínimo, pues de lo contrario, señala Hart, las personas "no tendrían ninguna razón para obedecer voluntariamente ninguna regla".[41]

Al respecto, se insiste en las consecuencias negativas que ha traído el rechazo de la ética teleológica de Aristóteles y el fracaso de la ilustración al tratar de encontrar un fundamento a lo normativo separado de la naturaleza humana. Sin embargo, es preciso recordar que, tanto la naturaleza humana como el deber, pueden ser utilizados ideológicamente, tal vez en el fondo del enfrentamiento

---

[38] Hans Kelsen (encuesta de los *Archives du philosophie du droit*), *apud* BEUCHOT, Mauricio y Javier Saldaña, *Derechos humanos y naturaleza humana*, *op. cit.*, p. 35.

[39] HART, H.L.A, *El concepto del derecho*, trad. de Genaro R. Carrió, Buenos Aires, Editorial Abeledo-Perrot, 1968, p. 238.

[40] *Ibidem*, p. 239.

[41] *Idem*.

doctrinario entre iuspositivistas y iusnaturalistas subyace el temor a esta utilización que ha causado tanto daño a la humanidad. Un ejemplo de ello es el nazismo, en cuya base teórica encontramos una serie confusa de postulados, entre ellos la creencia de una superioridad biológica que daba a los alemanes el derecho e incluso la obligación de subyugar y exterminar a las razas inferiores, lo que consideraban acorde con unas supuestas *leyes de la naturaleza*.

En los mismos hechos históricos, encontramos también la apelación al *deber*, como es el caso de Adolf Eichmann, llamado el "arquitecto del holocausto", quien propició y permitió el sufrimiento de millones de seres humanos. Al seguir el proceso de Eichmann en 1961 en Israel, Hannah Arendt –corresponsal de la revista *The New Yorker*–, se percata de que el enjuiciado no estaba mentalmente enfermo ni presentaba los rasgos de un monstruo, sino que simplemente era un burócrata, y que el motor de sus acciones era el deseo de hacer lo que debía, lo que estaba estipulado, lo que denominó como "la banalidad del mal".[42]

Arendt señala que no hay pruebas de represalias severas del régimen nazi en contra de quien se negara a aniquilar a judíos, tan sólo traslados o algunas trabas en sus carreras, no obstante, la gran mayoría de los oficiales obedecieron dichas órdenes, cumplieron con lo que se mandaba, y esos mandatos estaban revestidos de legalidad. De manera que, parafraseando a MacIntyre, no sólo la moral, sino también el derecho, pueden proveer de máscara a cualquier cara.

En aquellos tiempos, todas las actuaciones estatales estaban respaldadas en leyes, decretos y reglamentos, cuando no en la propia palabra del Führer, considerada ley suprema, inclusive por prestigiosos constitucionalistas (por ejemplo Theodor Maunz). Es decir, que se daba la paradoja de que, actos aberrantes y constitutivos de genocidio y de violaciones a los derechos humanos básicos, formaron parte entre 1933 y 1945 del ordenamiento jurídico del Estado.

---

[42] Rubio Hancock, Jaime, "La banalidad del mal y la terrorífica normalidad de los nazis", en *El País*, 24 de marzo, 2017 [en línea], <https://verne.elpais.com/verne/2017/03/23/articulo/1490255737_690085.html>.

Lo criminal desde el punto de vista axiológico externo se convirtió en lo legal desde el punto de vista normativo interno.[43]

Es imperiosa la reflexión de los actos que realizamos, no sólo como personas y ciudadanos, sino como operadores jurídicos, ya que participamos, de alguna u otra manera, en bienes o en males para otros. Esta reflexión tendría que estar muy presente ante la "nueva normalidad" que se vive y su regulación, no sea que se olvide, por un lado, la íntima relación entre derecho y moral y, por otro, que nuestros actos siempre tienen trascendencia.

Esta unidad la terminamos citando a Hannah Arendt, quien, en su obra *Eichmann en Jerusalén. Un estudio sobre la banalidad del mal*, señala que para Eichmann:

> Las cosas eran tal como eran, así era la nueva ley común, basada en las órdenes del Führer; cualquier cosa que Eichmann hiciera la hacía, al menos así lo creía, en su condición de ciudadano fiel cumplidor de la ley. Tal como dijo una y otra vez a la policía y al tribunal, él cumplía con su deber; no sólo obedecía órdenes, sino que también obedecía la ley.[44]

A continuación, a manera de ilustrar didácticamente los objetivos de esta unidad, se expondrán "Las desventuras de la virtud: diálogo entre Nicómaco y Zaratustra", elaborado por el Dr. Arturo Berumen Campos, con base en la teoría de Alasdair MacIntyre sobre la catástrofe moral de la modernidad. En este diálogo imaginario entre Nicómaco, hijo de Aristóteles y Zaratustra, personaje de Nietzsche, se encuentran algunas de las problemáticas expuestas y sus consecuencias en la actualidad jurídica, las cuales pueden ser entendidas como preámbulo del mismo.

---

[43] Comentario de Daniel Rescas en "Prólogo" a ARENDT, Hanna, *Eichmann en Jerusalén. Un estudio sobre la banalidad del mal*, 4a. ed., trad. de Carlos Ribalta, Barcelona, Editorial Lumen, 2003, p. 4.

[44] ARENDT, Hanna, *Eichmann en Jerusalén*, *op. cit.*, p. 83.

LAS DESVENTURAS DE LA VIRTUD: DIÁLOGO ENTRE NICÓMACO Y ZARATUSTRA[45]

Arturo Berumen Campos[46]

En la modernidad se exige ser moral,
pero se impide serlo.
Roos Poole

Nicómaco: ¿Por qué eres tan irreverente, Zaratustra?

Zaratustra: ¡Porque Dios ha muerto! ¿No lo sabías?

Nicómaco: ¡Tú lo has matado en el corazón de los hombres, con tus irreverencias!

Zaratustra: ¡Hay que destruir los valores a martillazos!

Nicómaco: Lo que estás destruyendo es la virtud, no los valores.

Zaratustra: Mi querido Nicómaco, la virtud ha sido destruida por la modernidad hace ya varios siglos ¿no te has enterado tampoco?

Nicómaco: ¿Por qué dices eso, desventurado Zaratustra? ¿Quién ha destruido la virtud?

Zaratustra: ¿Qué no te has dado cuenta de que vivimos en una época de catástrofe moral?

Nicómaco: ¿Catástrofe moral has dicho? ¿En qué consiste tan grave fenómeno? ¿Cómo se ha producido?

Zaratustra: Cuando desaparecieron los vínculos comunitarios, los valores morales sustituyeron a la virtud.

---

45 Diálogo elaborado con base en el libro *Tras la virtud* de Alasdair MacIntyre.

46 Doctor en Derecho por la Universidad Nacional Autónoma de México. Miembro del Sistema Nacional de Investigadores del Conacyt. Profesor de "Epistemología jurídica" en el Posgrado de Derecho de la UAM. Profesor de introducción al estudio del derecho, lógica jurídica y filosofía jurídica en la licenciatura de la misma universidad. Autor de las obras: "El búho de Minerva. Apuntes de Filosofía del Derecho"; "Introducción Dialógica al derecho. Diálogo a la manera platónica entre Kelsen, Marx y Habermas"; "Fetichismo y derecho. Ejercicios de redeterminación jurídica", entre otras publicaciones.

NICÓMACO: ¡Explícate! No veo diferencia entre los valores morales y las virtudes.

ZARATUSTRA: ¿En serio, no la ves?

NICÓMACO: ¡No! Explícamela, por favor.

ZARATUSTRA: Yo pensé que eso era obvio para alguien tan lleno de sabiduría.

NICÓMACO: Nadie puede salirse de su tiempo, ni yo.

ZARATUSTRA: Pues te voy a sacar de tu tiempo, hijo querido de Aristóteles.

NICÓMACO: Procura ser lo más claro posible, hijo muy querido de Nietzsche.

ZARATUSTRA: Y tú procura entender lo más posible.

NICÓMACO: ¡Como buenos racionalistas comunicativos que somos!

ZARATUSTRA: Escucha el más grande error de la modernidad: las virtudes se convierten en valores cuando se universalizan.

NICÓMACO: ¿Y eso qué tiene de malo o de catastrófico?

ZARATUSTRA: ¿No lo ves, verdad?

NICÓMACO: Según he oído, la universalidad de los derechos ha sido uno de los grandes avances de la humanidad ¿no es así?

ZARATUSTRA: No, cuando se trata de una universalidad abstracta.

NICÓMACO: Ya estás hablando como Hegel.

ZARATUSTRA: Jajaja, tal vez. Pero lo importante es, fíjate bien, que al hacerse universales las virtudes se transforman en valores ineficaces.

NICÓMACO: ¿Por qué dices eso?

ZARATUSTRA: Por lo que te decía hace un momento: porque se desarraigan de la comunidad, de las relaciones concretas entre los hombres.

NICÓMACO: A ver, explícame más despacio.

ZARATUSTRA: Sí, mira, las personas no se sienten obligadas por los valores ni por los deberes morales que no surgen de su vida concreta de todos los días, sino que han sido establecidos por autoridades ajenas a su experiencia diaria.

NICÓMACO: Ponme un ejemplo concreto, para que pueda verlo y sentirlo.

ZARATUSTRA: Te voy a hablar del ejemplo más paradigmático de la catástrofe moral de la modernidad: los derechos humanos.

NICÓMACO: La verdad no te entiendo. ¿Cómo derechos humanos?

ZARATUSTRA: ¿Qué es lo que no entiendes, por el amor de Dios?

NICÓMACO: ¿No que Dios ha muerto?

ZARATUSTRA: ¡Es una manera de hablar! Dime, ¿qué es lo que no entiendes?

NICÓMACO: Que sólo los griegos tienen derechos, no los bárbaros. Y todo el que no habla griego es un bárbaro. ¿Tú hablas griego, Zaratustra?

ZARATUSTRA: Eso es lo que te estoy diciendo desde un principio, sólo los derechos particulares son eficaces.

NICÓMACO: Ah, ya te entendí. Concederles derechos a los bárbaros es matar a las virtudes.

ZARATUSTRA: Continúa, por favor, vas muy bien.

NICÓMACO: No están capacitados, por su ignorancia, para apreciarlas y aplicarlas; no están hechas para ellos.

ZARATUSTRA: Esa es la universalidad abstracta: imponerle a los otros virtudes que ni conocen ni aprecian. Se convierten en derechos humanos ineficaces.

NICÓMACO: ¿Y a quién se le ocurrió semejante cosa tan absurda?

ZARATUSTRA: ¿Ya vez por qué quiero destruir todos esos valores universales a martillazos filosóficos? ¡Por abstractos! ¡Por falsos! ¡Por inauténticos!

NICÓMACO: ¡Sí, duro con ellos! Pero, estoy pensando, ¿no se podrían transformar en universales concretos?

ZARATUSTRA: ¡Ahora eres tú él que habla como Hegel!

NICÓMACO: En serio, ¿por qué no mejor concretizas los valores en vez de destruirlos?

ZARATUSTRA: Te voy a decir por qué no se puede, hijo de Aristóteles.

NICÓMACO: Habla, te escucho.

ZARATUSTRA: Porque los valores modernos, al pretender ser universales, entran necesariamente en contradicciones insolubles.

NICÓMACO: Dime cómo es eso.

ZARATUSTRA: Te voy a poner otro ejemplo para que te quede claro. La catástrofe moral de la modernidad consiste, fundamentalmente, en la contradicción de dos valores: la dignidad y la utilidad.

NICÓMACO: Ah, ¿una contradicción entre Kant y Bentham?

ZARATUSTRA: ¿No que no te podías salir de tu tiempo?

NICÓMACO: Sólo un poco. Explícate más ampliamente.

ZARATUSTRA: Fundamentalmente, la catástrofe de la moralidad en la modernidad consiste en que se nos exige que nos comportemos moralmente, pero, a la vez, se nos impide hacerlo.

NICÓMACO: Es decir, ¿se exige que nos portemos como Kant, pero se nos obliga a comportarnos como Bentham?

ZARATUSTRA: Quizá sea la manera más radical de decirlo, pero también hay otras contradicciones muy importantes...

NICÓMACO: ¡Un momento! ¿Por qué están en contradicción Kant y Bentham, si los dos expresan la universalidad moral moderna?

ZARATUSTRA: Precisamente por eso, porque son dos universalidades que pretenden valer al mismo tiempo y tienen que colisionar, necesariamente.

NICÓMACO: Mucho te agradecería un ejemplo.

ZARATUSTRA: Por ejemplo, cuando se sacrifican los derechos de una minoría para proteger a una mayoría. Esto es, el mal menor de Bentham contra el imperativo categórico kantiano.

NICÓMACO: ¿No dirás que hay que relativizar ambos, para hacerlos compatibles?

ZARATUSTRA: No tan sólo relativizar, sino particularizarlos, es decir, destruirlos como valores.

NICÓMACO: Es decir, ¿quieres regresar a las virtudes de cada comunidad, en lugar de los valores universales?

ZARATUSTRA: ¡Tampoco! No es posible regresar a las virtudes de tu época.

NICÓMACO: ¿Quieres explicarme por qué no es posible ir tras la virtud?

ZARATUSTRA: ¡Porque tu padre, Aristóteles, la construyó mal!

NICÓMACO: ¿Qué, qué?

ZARATUSTRA: Sí, mira, empecemos desde un principio. Con la potencia y el acto.

NICÓMACO: En verdad, ¿lo crees necesario?

ZARATUSTRA: Sí, claro, por supuesto.

NICÓMACO: Bien, si no hay más remedio, empecemos. La potencia es la posibilidad del ser y el acto es la posibilidad realizada. No sé si está claro.

ZARATUSTRA: Con un ejemplo quedaría más claro.

NICÓMACO: Bien. La semilla es un árbol en potencia, es decir, que tiene la posibilidad de convertirse en un árbol. Y el árbol es la semilla en acto, es la realización de la posibilidad. ¿Así o más claro?

ZARATUSTRA: Aplícalo, por favor, al ser humano.

NICÓMACO: El embrión es un ser humano en potencia y el ser humano es un embrión en acto.

ZARATUSTRA: Ahora viene lo más importante. Cómo se utiliza este esquema en ética.

NICÓMACO: Por ejemplo, el estudiante de derecho es un abogado en potencia y el abogado es un estudiante de derecho en acto.

ZARATUSTRA: Ahora dime, por medio de qué se transforma el hombre en lo que debe ser.

NICÓMACO: Por medio de la ética el hombre pasa del ser humano en potencia al ser humano en acto.

ZARATUSTRA: ¿Y cómo sabemos si el hombre ya es lo que debe ser?

NICÓMACO: Por medio de la virtud, justamente.

ZARATUSTRA: ¿Y qué es la virtud?

NICÓMACO: La virtud es buscar el justo medio entre dos extremos, el justo medio entre el exceso y el defecto.

ZARATUSTRA: ¿Me quieres decir que el justo medio es la mediocridad?

NICÓMACO: ¡Claro que no! Es la prudencia, la frónesis.

ZARATUSTRA: ¿Cómo distingues el justo medio de la mediocridad?

NICÓMACO: Pensemos en otro ejemplo para saber si la virtud es el justo medio entre el exceso y el defecto o es la mediocridad.

ZARATUSTRA: Deja que yo ponga el ejemplo. El hombre, te pregunto, ¿es el justo medio entre la bestia y el superhombre?

NICÓMACO: ¿Superhombre? ¿Qué es eso? ¿Será Dios?

ZARATUSTRA: ¡Que Dios ha muerto!

NICÓMACO: Entonces, ¿qué es?

ZARATUSTRA: Tú lo llamarías el exceso de lo humano.

NICÓMACO: Entonces, la bestia es el defecto de lo humano y el superhombre es el exceso de lo humano. Por tanto, el hombre es el justo medio. Podría aceptarlo como ejemplo de virtud.

ZARATUSTRA: O un ser mediocre que se conforma con lo que es.

NICÓMACO: ¿Crees, en verdad, que el hombre es un ser mediocre? Acuérdate de lo que dice Shakespeare:

¡Qué obra maestra es el hombre!

¡Qué noble en su razón!

¡Cuán infinito en facultades!

¡Cuán expresivo y admirable en

su forma y movimiento!

En sus acciones

¡Qué parecido a un ángel!

En su inteligencia

¡Qué parecido a un dios!

¡La maravilla del mundo!

¡El más perfecto de los animales!

ZARATUSTRA: Se te olvida el último verso. Hamlet concluye:

¿Qué es para mí esta
Quinta esencia del polvo?

NICÓMACO: ¡¡Es la Quinta Esencia!!

ZARATUSTRA: ¡¡Pero del polvo!! Eso son la mayoría de los hombres. Son "el último hombre."

NICÓMACO: ¿El último hombre es la quinta esencia del polvo?

ZARATUSTRA: El último hombre es el conformista, es el que está satisfecho, el que no aspira más que a cumplir con las normas, el que es bueno porque tiene miedo de ser malo. En una palabra, el mediocre.

NICÓMACO: ¡Deliras Zaratustra!

ZARATUSTRA: ¡El hombre aristotélico es el último hombre!

NICÓMACO: No saques conclusiones todavía, querido Zaratustra. Pues a mí me parece entonces, que el último hombre es el defecto, el superhombre es el exceso y el hombre virtuoso es el justo medio.

ZARATUSTRA: Más bien, ¡el hombre es algo que debe ser superado por el superhombre!

NICÓMACO: ¡Pero es un exceso! ¡No es virtuoso!

ZARATUSTRA: Sí, es un exceso, pero de humanidad. El superhombre no necesita de la virtud. La ética sólo es un obstáculo para el advenimiento del superhombre, por eso hay que destruirla a martillazos, es una moral de esclavos.

NICÓMACO: Dime, Zaratustra, si se destruye la ética, entonces ¿cómo se crea el superhombre?

ZARATUSTRA: ¡No con la ética, sino con la estética, querido Nicómaco! ¡Con la voluntad del poder creador de belleza!

NICÓMACO: ¡No lo entiendo! ¿Cómo se crea lo superhumano con la estética?

ZARATUSTRA: El superhombre no tan sólo destruye los valores de los últimos hombres, sino también crea sus propios valores de la nada.

NICÓMACO: ¿Entonces es Dios?

ZARATUSTRA: Si quieres llamarlo así, pero es un Dios que sabe reír y sabe bailar.

NICÓMACO: Bueno, vamos a suponer que sea así. Pero ilustra tu tesis con un ejemplo que no deje dudas de lo que quieres decir.

ZARATUSTRA: Lo que al principio te pareció una irreverencia, no es sino la creación de la belleza.

NICÓMACO: Recuérdamelo, por favor.

ZARATUSTRA: ¡Muy bien! esta es la fiesta del asno:

NIETZSCHE: De repente, los oídos de Zaratustra se sobresaltaron, pues en la caverna, animada hasta entonces por la bulla y las risas, se hizo de pronto un silencio de muerte. Y la nariz de Zaratustra percibió un perfume de humo e incienso, cual si quemaran piñas.

ZARATUSTRA: ¿Qué sucede, qué hacen?

NIETZSCHE: Preguntó mientras se aproximaba a escondidas a la entrada de la caverna, para ver a sus huéspedes sin ser visto. Pero ¡oh asombro! ¿qué vieron entonces sus ojos?

ZARATUSTRA: ¡Otra vez se han vuelto piadosos y otra vez rezan! ¡Están locos!

NIETZSCHE: En efecto, todos aquellos hombres superiores –los dos reyes, el papa jubilado, el mago perverso, el mendigo voluntario, el viajero-sombra, el viejo adivino, el concienzudo de espíritu y el más feo de los hombres–, todos estaban prosternados de hinojos, como niños o viejas devotas, adorando al asno. Y el más feo de los hombres comenzó a gorgotear y a dar resoplidos como si algo inexpresable quisiera salir de su interior. Y cuando consiguió hablar, he aquí que era una piadosa y singular letanía, en honor del adorado e insensato asno. Y la letanía rezaba así:

EL MÁS FEO DE LOS HOMBRES: "¡Amén! ¡Honor y gloria, y sabiduría y gratitud, y alabanzas y fortaleza sean tributados a nuestro Dios, de eternidad en eternidad!"

NIETZSCHE: Y el asno rebuznó:

BURRO: ¡I-A!

EL MÁS FEO DE LOS HOMBRES: "Él lleva nuestra carga, él tomó figura de siervo, él es paciente de corazón y nunca dice 'no'. Y quien ama a su Dios, le castiga."

NIETZSCHE: Y el asno rebuznó:

BURRO: ¡I-A!

EL MÁS FEO DE LOS HOMBRES: "Él no habla, excepto para decir ¡sí, sí! al mundo que ha creado: de esta suerte alaba a su mundo. Su astucia lo ha creado: así rara vez se equivoca."

NIETZSCHE: Y el asno rebuznó:

Burro: ¡I-A!

EL MÁS FEO DE LOS HOMBRES: "Invisible para el mundo. Gris es su color favorito, el color de su cuerpo, y en ese color oculta su virtud. Si tiene espíritu, lo oculta: pero todos creen en sus largas orejas."

NIETZSCHE: Y el asno rebuznó:

BURRO: ¡I-A!

EL MÁS FEO DE LOS HOMBRES: "¡Cuánta recóndita sabiduría hay en tener las orejas largas y decir siempre 'sí' y nunca 'no'. ¿Acaso no ha creado el mundo a su imagen, es decir, tan estúpido como es posible?"

NIETZSCHE: Y el asno rebuznó:

BURRO: ¡I-A!

EL MÁS FEO DE LOS HOMBRES: "Tú recorres caminos rectos y torcidos: lo que los hombres llaman recto o torcido poco importa. Tu inocencia consiste en no saber lo que es inocencia."

NIETZSCHE: Y el asno rebuznó:

BURRO: ¡I-A!

EL MÁS FEO DE LOS HOMBRES: "He aquí como no rechazas, ni a los mendigos, ni a los reyes. Dejas que se acerquen a ti los niños; y si los muchachos malvados te seducen, dices, simplemente, 'I-A' (sí)."

NIETZSCHE: Y el asno rebuznó:

BURRO: ¡I-A!

EL MÁS FEO DE LOS HOMBRES: "Te gustan las burras y los higos frescos, no eres un remilgado. Un cardo te cosquillea las entrañas cuando tienes hambre. En eso está la sabiduría de un Dios."

NIETZSCHE: Y el asno rebuznó:

BURRO: ¡I-A!

NICÓMACO: ¡Basta, Zaratustra, basta!

ZARATUSTRA: ¿Qué te pasa Nicómaco? ¿No te ha gustado?

NICÓMACO: ¡Claro que no!

ZARATUSTRA: ¿Te ofendió?

NICÓMACO: No es eso, yo no creo en ese Dios, ¿pero eso que tiene que ver con la creación de nuevos valores?

ZARATUSTRA: Crearon la connotación del rebuznido de un burro como la palabra de Dios.

NICÓMACO: Es un aspecto formal, pero ¿qué contenido nuevo crearon tus discípulos, Zaratustra?

ZARATUSTRA: ¿Se te hace poco decir que la fe es creer en los rebuznidos de Dios?

NICÓMACO: Vamos a suponer que sí, Zaratustra, que esa connotación es la creación de un valor nuevo, pero de ningún modo es universal como los valores modernos que has criticado antes, sino sólo el valor de un pequeño grupo: el de los asesinos de Dios.

ZARATUSTRA: ¡El de los superhombres!

NICÓMACO: ¡El de los últimos hombres, querrás decir! ¡De los que no creen en nada!

ZARATUSTRA: ¡Ya te dije que la universalidad lleva al nihilismo! ¡Por eso, el superhombre va más allá de todo límite!

NICÓMACO: ¡Pero acuérdate que todo principio llevado hasta lo absoluto se transforma en su contrario!

ZARATUSTRA: Nuevamente escucho el lenguaje de Hegel en tu boca.

NICÓMACO: ¡No me importa, contéstame!

ZARATUSTRA: No veo cómo el exceso de creatividad puede llevar al superhombre a recaer en el último hombre, como dice Hegel por tu boca.

NICÓMACO: Por la reacción extrema de los que sostienen los valores destruidos a martillazos por los superhombres.

ZARATUSTRA: ¡Ah, por los últimos hombres!

NICÓMACO: Se van al otro extremo y así sucesivamente, en un "movimiento aturdidor."

ZARATUSTRA: ¡Otra vez ese Hegel!

NICÓMACO: ¿Sabes quién puede detener este movimiento aturdidor que va de un extremo al otro?

ZARATUSTRA: ¿Quién?

NICÓMACO: ¡El hombre prudente aristotélico!

ZARATUSTRA: Sabía que ibas a decir eso.

NICÓMACO: De hecho, por haberse olvidado del justo medio, la modernidad ha ido del dominio de los últimos hombres al de los superhombres y viceversa y así sucesivamente.

ZARATUSTRA: ¡Pero el justo medio detendría el progreso!

NICÓMACO: Claro que no, lo haría menos doloroso.

ZARATUSTRA: ¡Y más aburrido!

NICÓMACO: Pongamos a prueba mi hipótesis. Escoge a algún superhombre de la historia.

ZARATUSTRA: Pensemos en un filósofo mexicano: José Vasconcelos.

NICÓMACO: ¿Por qué él precisamente? ¿Crees, en verdad, que es un superhombre?

ZARATUSTRA: Bueno, así le decían sus enemigos políticos, irónicamente. Pero averigüémoslo.

NICÓMACO: ¿Podemos decir que es un artista?

ZARATUSTRA: Bueno su libro más importante, *Estética*, dice Octavio Paz, raya niveles poéticos.

NICÓMACO: ¿Ha creado nuevos valores?

ZARATUSTRA: El monismo estético como forma suprema de conocimiento.

NICÓMACO: Me suena como a tu mediación estética entre el último hombre y el superhombre. ¿Es casualidad o se inspiró en ti?

ZARATUSTRA: No lo sé, pero seguramente estaba en el espíritu de los tiempos.

NICÓMACO: ¿Es creador de creadores de valores?

ZARATUSTRA: ¡Se le conocía como el maestro de la juventud!

NICÓMACO: ¿Qué creadores de valores creó como maestro?

ZARATUSTRA: Bueno, podemos pensar en el poeta Jaime Torres Bodet, entre otros. Pero Vasconcelos ha sido creador de instituciones, como la SEP, por medio de las cuales ha influido en muchos creadores.

NICÓMACO: Pero también han creado generaciones de últimos hombres, como efecto de la dialéctica negativa de que hablábamos antes.

ZARATUSTRA: ¿Por qué se da esta dialéctica negativa en las instituciones?

NICÓMACO: Creo que es en las instituciones donde se expresa con mayor claridad la contradicción fundamental del mundo moderno: la contradicción entre el universalismo abstracto y el utilitarismo concreto.

ZARATUSTRA: ¿Cómo se expresa la catástrofe moral de las instituciones?

NICÓMACO: Las instituciones son los medios para realizar los valores en el mundo moderno. Las instituciones educativas realizan o deben realizar la formación de la juventud. La judicatura debe realizar el valor de la justicia. La policía realiza o debe realizar el valor de la seguridad pública.

ZARATUSTRA: Hasta aquí no veo contradicción alguna.

NICÓMACO: Pues bien, lo que sucede en el mundo moderno, es que se invierte el orden de las mediaciones: lo que es el medio se convierte en el fin y lo que es el fin se transforma en el medio.

ZARATUSTRA: Necesito un ejemplo, como siempre.

NICÓMACO: Quedaría muy bien el ejemplo de las universidades, públicas y privadas, y de los títulos que expiden a sus graduados.

ZARATUSTRA: ¿Títulos? ¿De nobleza?

NICÓMACO: ¡Casi nobleza! Son documentos oficiales que acreditan que terminaste los estudios de determinadas profesiones: abogado, ingeniero, médico, filósofo, etc.

ZARATUSTRA: Bien, continúa.

NICÓMACO: Pues bien, resulta que dichos títulos, que sólo son un medio para acreditar la formación universitaria de los jóvenes profesionistas, se han convertido en la finalidad principal de las universidades. Un fin en sí mismos.

ZARATUSTRA: ¿Qué quieres decir, exactamente, con que dichos títulos se han convertido en un fin en sí mismos?

NICÓMACO: Pues eso mismo. Que los títulos universitarios ya no sólo representan lo que los graduados han aprendido, sino que generan un estatus social como los títulos de nobleza, lo que implica ciertas obligaciones socialesz, como obtener determinados ingresos, vestir de una manera adecuada, contar con una buena casa, coches y demás manifestaciones de consumo ostensible.

ZARATUSTRA: ¿Pero, sí demuestran lo que los profesionistas saben en realidad?

NICÓMACO: No necesariamente, pues puede suceder, es común que suceda, que se expidan títulos a jóvenes aún no formados lo suficientemente.

ZARATUSTRA: ¿Qué tan común?

NICÓMACO: Muy común. Depende de las instituciones. En unas más que en otras.

ZARATUSTRA: ¿Pero, por qué hacen eso los funcionarios y los maestros de las instituciones?

NICÓMACO: Aquí es donde entra el utilitarismo. Porque a las instituciones educativas les exigen eficiencia terminal.

ZARATUSTRA: ¿Es decir?

NICÓMACO: Que tengan más titulados que otras instituciones para tener más presupuesto, más prestigio, más alumnos.

ZARATUSTRA: ¿Quién les hace estas exigencias puramente cuantitativas?

NICÓMACO: El Estado, el mercado, según se trate de universidades públicas o privadas, respectivamente.

ZARATUSTRA: ¿Y los alumnos y sus padres permiten esto?

NICÓMACO: ¡Ay, Zaratustra! Son los más interesados en titularse lo más rápido posible.

ZARATUSTRA: ¿Y los maestros?

NICÓMACO: Algunos se oponen a la inversión de los valores educativos, pero al final de cuentas los efectos sistémicos se imponen a la larga.

ZARATUSTRA: ¿Efectos sistémicos?

NICÓMACO: Sí, todos quedan atrapados, las autoridades, los maestros, los alumnos, los trabajadores, en una dinámica que nadie controla: es la lucha entre la exigencia de moralidad y la estructura sistémica que la impide.

ZARATUSTRA: Me estoy dando cuenta de que tienes razón. Aunque las instituciones las hayan fundado algunos pocos superhombres –Gabino Barreda, Justo Sierra, José Vasconcelos–, a la larga las instituciones son controladas por los últimos hombres conformistas, que sólo repiten los valores establecidos en un eterno retorno de lo idéntico.

NICÓMACO: Y si tuvieras tiempo analizaríamos otras instituciones, en todas se da la inversión de los valores, en unas más, en otras menos.

ZARATUSTRA: ¡Entonces hay que destruirlas a todas a martillazos!

NICÓMACO: ¿Quién, dime Zaratustra, quién las va a destruir?

ZARATUSTRA: ¡Los nuevos superhombres!

NICÓMACO: ¿Para qué, si al final predominarán los nuevos últimos hombres?

ZARATUSTRA: Entonces, ¿qué podemos hacer? ¡No me digas que hay que volver a la virtud!

NICÓMACO: ¿Por qué no?

ZARATUSTRA: Porque la relación medio a fin con que está estructurada puede ser presa fácil de la inversión de la modernidad.

NICÓMACO: Entonces ¿no hay solución a la crisis de la modernidad?

ZARATUSTRA: No sé. ¡Tal vez si conjuntamos nuestras fuerzas!

NICÓMACO: ¡Sí, sí! ¡Hagámoslo! ¿Pero cómo?

ZARATUSTRA: "Saber los límites, es saber sacrificarse". Tenemos que sacrificar elementos de las teorías de nuestros padres. Yo, el superhombre; y tú, el justo medio.

NICÓMACO: Te sigo, continúa.

Zaratustra: Luego, complementar la ética con la estética.

Nicómaco: Ya no entiendo.

Zaratustra: Para pasar del ser humano en potencia al ser humano en acto hay que revestir a la prudencia con la belleza.

Nicómaco: Me recuerda a Shakespeare: "Si tienes un pensamiento hermoso, busca para expresarlo, una palabra más hermosa aún."

Zaratustra: Para que el justo medio no se confunda con la mediocridad, con el conformismo, hay que formar a los alumnos con la paideia integral que armonice la lógica, la ética y la estética.

Nicómaco: Ahora tú pareces Kant, querido Zaratustra.

Zaratustra: Por ejemplo, la formación de los abogados debe educar la inteligencia con la tópica jurídica, la voluntad con la prudencia y la sensibilidad con la estética jurídica.

Nicómaco: ¿Qué tiene que ver el derecho con la estética, con el arte, con la poesía, con la música o con el teatro?

Zaratustra: ¿Sabías que fue la novela la que creó, en el siglo XIX, la empatía necesaria para dotar de eficacia a los derechos humanos, cuando menos en Europa?

Nicómaco: ¿La empatía?

Zaratustra: Sí, sentir lo que el otro siente y solidarizarte con él. Como los derechos son universales, son abstractos para la mayoría de la gente, la cual no siente empatía con personas ajenas a su comunidad. Esto es lo que sostiene una historiadora llamada Lyn Hunt.

Nicómaco: Digamos que, fuera de la comunidad, la estética substituye a la ética para generar la empatía como condición de la eficacia de los derechos humanos.

Zaratustra: Otra escritora moderna, Martha Nussbaum, sostiene que si los jueces leyeran novelas realistas, serían mejores jueces.

Nicómaco: ¿Por qué?

Zaratustra: Por la misma razón, porque lleva a los jueces a la empatía sin perder objetividad ni imparcialidad.

NICÓMACO: Me gusta la conjunción de la ética comunitarista con la estética universalizable. Pero ¿será suficiente para resistir los efectos sistémicos de la inversión de los valores en el mundo moderno? ¿No resultará demasiado frágil?

ZARATUSTRA: Nada está garantizado, querido Nicómaco. Pero es necesario educar estéticamente a los profesionistas, en especial a los abogados.

NICÓMACO: Yo incluiría a todos los ciudadanos en esa formación integral (paideia).

ZARATUSTRA: Por cierto, Nicómaco, te recomiendo un diálogo titulado: "La educación estética de los abogados".

NICÓMACO: Se parece al libro de Schiller: *La educación estética del hombre.*

ZARATUSTRA: Creo que el autor se inspiró en él.

NICÓMACO: ¿Cómo se llama el autor?

ZARATUSTRA: Es alguien de cuyo nombre no quiero acordarme.

NICÓMACO: Adiós Zaratustra, hijo de Nietzsche.

ZARATUSTRA: Adiós Nicómaco, hijo de Aristóteles.

Pues bien, como se habrá constatado, en este diálogo se contienen algunos de los temas analizados hasta ahora en esta unidad, y otros más. Como señala MacIntyre, tras el descrédito ilustrado de la teleología aristotélica, los filósofos morales intentaron encontrar otro fundamento a lo normativo ante sus insalvables contradicciones entre el utilitarismo y el idealismo; Nietzsche pugna por conmutar todos los valores, pero sin volver a la virtud antigua. Pero, al ser Nietzsche el filósofo que con mayor claridad entendió "no sólo que lo que se creía apelaciones a la objetividad en realidad eran expresiones de la voluntad subjetiva, sino también la naturaleza de los problemas que ello planteaba a la filosofía moral",[47] ante la catástrofe moral sólo tenemos dos opciones: Nietzsche o Aristóteles. Nicómaco y Zaratustra no sólo nos plantean esta disyuntiva, sino que nos proponen una solución dialéctica, superando y a la vez conservando las teorías de sus padres, potenciando sus elementos mediante el arte y la comunicación.

---

[47] MACINTYRE, Alasdair, *Tras la virtud*, *op. cit.*, p. 146.

II. Enunciados éticos

Rogelio Z. Rodríguez Garduño[48]
Paulina R. Landecho/Anayeli Rojo Sánchez[49]

El precepto ('cumple con tu deber') es sólo un imperativo en la medida en que es y opera una norma en cuanto significa y vale, un imperativo en la medida en que se ejecuta un querer, una norma en la medida en que se enuncia un deber [...] La norma exige moralidad, el imperativo la legalidad; sin embargo, aun para esta forma imperativa del derecho secundaria, la legalidad no es una especie de obligación, ya que a esencia de un imperativo no reside en obligar, sino en determinar, no en valer, sino en operar.

Gustav Radbruch

Iniciaremos retomando una de tantas nociones de la Ética. Ésta es la disciplina filosófica que primordialmente se pregunta por el *carácter* de los seres humanos y su relación con otros, así como de su posición en el mundo para llegar al discernimiento entre lo que llamamos el *bien* y el *mal*. Es una constante cavilación que se pone en práctica de manera cotidiana.

El ejercicio continuo de este proceso, es decir, el de la toma consciente de nuestra posición frente al grupo social y la forma en que nos relacionamos con éste, nos conduce a una toma de decisiones asertiva, que garantiza nuestra supervivencia como especie. Es tácito que el derecho tenga como parte estructural tal justificación, sin embargo,

---

48 Egresado de la Universidad Nacional Autónoma de México, institución en la cual se titula de la Licenciatura en Derecho con Mención Honorifica, y se hace poseedor de la medalla "Gabino Barreda" por haber obtenido 10.00 de promedio. Asimismo, por la Universidad Panamericana obtiene los títulos de Maestro en Derecho Procesal Constitucional, Maestro en Ciencias Jurídicas y finalmente Doctor en Derecho. Cuenta con una Especialidad en Administración de Empresas de Servicio, por el Instituto Tecnológico Autónomo de México.

49 Colaboradoras en el trabajo de compilación e investigación, así como en la realización de correcciones en el libro, en las diferentes etapas, para cumplir con los lineamientos editoriales.

se va desarrollando con la reflexión ética, puesto que una de sus condiciones fundamentales es cuestionar y reflexionar el trato que nos damos en la sociedad, sobre todo, desde la forma más atómica de ella, que es la individualidad y su forma de acceso a la sociedad misma.

Los individuos y su congregación en sociedades se presentan comúnmente como una integración ya *acabada*. En otras palabras, es sumamente fácil creer que el mundo ya está hecho: su funcionamiento y las pautas normativas que lo regulan son dadas e inalienables. Sin embargo, para un estudioso del derecho y la ciencia jurídica, sostener esto sería insalvable, ya que dichos mecanismos que regulan al mundo –a los que llamaremos provisionalmente *pautas regulativas*– son un mero constructo humano. Como tal, es tarea del derecho cuestionar, construir y ejercer. Es decir, lo que vemos a nuestro alrededor ¿debería permanecer así?, ¿podría funcionar de otro modo?, ¿cuál es la mejor forma de ejecutar las pautas regulativas? De esta manera, no es posible permanecer pasivos ante dichos cuestionamientos y ante los pensamientos que de ellos deriven. Necesariamente esta vía lleva a la acción, a la práctica coherente entre lo que discernimos y lo que *debe ser*.

La ética, como cualquier otra disciplina filosófica, es una reflexión de segundo grado sobre el entorno y otros seres humanos –como ya hemos mencionado–, además de que es el apoyo del derecho, ya que nuestra área se encarga del reconocimiento y transformación del mundo en un balance que persigue el paradigma de la *justicia*, el *deber*. Esto es, es la búsqueda continua de formular, re-formular y llevar activamente un conjunto de principios y *pautas regulativas* que encausen la conducta humana, para posibilitar la coexistencia de los seres humanos en una sociedad.

En *Política* de Aristóteles, λóγος, la palabra, es racionalizadora –como ya es tácito en su rigurosa acepción griega–. Gracias a la *palabra* podemos localizar la forma molecular en la relación individuo-sociedad. ¿Cómo se muestra esta relación de acuerdo con Aristóteles? A continuación un breve fragmento:

> [La] comunidad constituida naturalmente para la vida de cada día es la casa [...] La comunidad perfecta de varias aldeas es la ciudad, que tiene ya, por así decirlo, el nivel más alto de autosuficiencia, que nació a causa de las necesidades de la vida, pero

> subsiste para el vivir bien [...] La ciudad es el fin de aquellas, y la naturaleza es fin. En efecto, lo que cada cosa es, una vez cumplido su desarrollo, decimos que es su naturaleza, así de un hombre, de un caballo o de una casa. Además, aquello por lo que existe algo y su fin es lo mejor, y la autosuficiencia es, a la vez, un fin y lo mejor. De todo esto es evidente que la ciudad es una de las cosas naturales, y que el hombre es por naturaleza un animal social [...]. La razón por la cual el hombre es un ser social, más que cualquier abeja y que cualquier animal gregario, es evidente: la naturaleza, como decimos, no hace nada en vano, y el hombre es el único animal que tiene palabra. Pues la voz es signo de dolor y del placer, y por eso la poseen también los demás animales, porque su naturaleza llega hasta tener sensación de dolor y de placer e indicársela unos a otros. Pero la palabra es para manifestar lo conveniente y lo perjudicial, así como lo justo y lo injusto. Y esto es lo propio del hombre frente a los demás animales: poseer, él sólo, el sentido del bien y del mal, de lo justo y de lo injusto, y de los demás valores, y la participación comunitaria de estas cosas constituye la casa y la ciudad.[50]

Naturalmente, como expone el filósofo estagirita, los seres humanos estamos dotados de *palabra*, la cual implica la razón: la aproximación del mundo a través de los sentidos y el entendimiento. Para poder relacionarnos y, sobre todo, para poder señalar al mundo, necesitamos inexorablemente del *lenguaje*, ya que es nuestra manifestación más próxima y clara para señalarlo.

Pasemos a un texto ilustrativo, con el que daremos más claridad al objetivo que perseguimos: la relación estructural entre la *Ética* y el *Derecho*.

> Seis hindúes sabios ciegos, inclinados al estudio, quisieron saber qué era un elefante. Como eran ciegos, decidieron hacerlo mediante el tacto. El primero en llegar junto al elefante chocó con su ancho y duro lomo y dijo: "Ahora sé que es como una pared". El segundo, palpando el colmillo, gritó: "¡Esto es tan agudo, redondo y liso, que el elefante es como una lanza!". El tercero tocó la trompa retorcida y gritó: "¡Dios me libre! El elefante es como una serpiente". El cuarto extendió su mano

[50] Aristóteles, *Política*, trad. de Manuel García Valdés, Madrid, Editorial Gredos, 1988, 1252b5 -1253a12.

> hasta la rodilla, palpó el contorno y dijo: "Está claro, el elefante es como el tronco de un árbol". El quinto, que casualmente tocó una oreja, exclamó: "Aún el más ciego de los hombres se daría cuenta que el elefante es como un abanico". El sexto, quien tocó la oscilante cola acotó: "El elefante es muy parecido a una soga".
>
> Y así, los sabios discutían largo y tendido, cada uno cada vez más terco y violento en su propia opinión y, aunque parcialmente estaban en lo cierto, a su vez estaban todos equivocados.[51]

El lenguaje y su unicidad es fundamental para nuestro estudio. Por ello, sería reduccionista pensar que es posible, por ejemplo, identificar un enunciado ético dentro de la trama de un argumento jurídico, ya que como hemos expuesto, la ética está tejida desde la reflexión primera sobre el derecho.

Es entonces que la tarea va más allá, pues nos concierne identificar en el uso del lenguaje que los enunciados sean: a) plausibles, b) coherentes, c) verdaderos y d) veraces. Ya que, como nos ilustró el fragmento de los seis hindúes sabios ciegos, la realidad requiere unicidad y fidelidad entre la corelación individuo-mundo.

El derecho y las ciencias jurídicas no pueden, simplemente, tomar fracciones de la realidad, así como los seis sabios ciegos, sino que debe hacerlo en su conjunto, en la totalidad de fragmentos y unificarlos a través del lenguaje.

II.1. Los enunciados sobre normas: concepto y condiciones de posibilidad

Como se ha expuesto en los apuntes introductorios, el derecho, en principio, está integrado por normas entendidas en su sentido más amplio; su herramienta principal es el ejercicio reflexivo-ético y el lenguaje bajo el cual éste se expresa. Así, se deduce que, para poder comprenderlo de manera integral, no podemos circunscribirnos sólo al entendimiento a puntillas del cúmulo de normas y *pautas regulativas*, sino que es necesario allegarnos de otros elementos

---

[51] Rumi, "On the blind men and the affair of the elephant", *apud* STEPHENSON, John, *The Hadîqatu L-Haqîqat: The Enclosed Garden of the Truth*, 1910.

para explicar de forma más acertada el fenómeno jurídico. Esta actividad interpretativa respecto de los enunciados normativos puede referirse a dos aspectos del proceso mismo de interpretación: a) relativo al análisis y estudio del enunciado, y b) relativo al producto o significado asignado al enunciado.

De esta manera, la actividad de interpretación de los enunciados normativos debe realizarse con un gran rigor técnico, donde se incluya, desde una perspectiva del lenguaje –al igual que en la semántica–, el sentido de las palabras y signos que los componen; que no sólo atiendan al significado literal asignado, sino sean interpretados desde las diferentes situaciones, contextos, especialidades o intencionalidades, hasta la más completa y avanzada técnica de argumentación jurídica de la que se disponga, para darle un significado claro, congruente, integral y que solucione la disyuntiva al momento de la adjudicación del derecho.

Una de las vertientes de interpretación que más ha trascendido en diversas áreas del conocimiento social (apropiada de diversas formas por los juristas) es la propuesta por Ludwig Wittgenstein, quien en un principio adoptó un punto de vista lógico para el escrutinio del lenguaje y, en un segundo momento, resaltando su carácter más pragmático, basado en cómo lo entienden y asimilan los usuarios del lenguaje.

Así, se pasa de la premisa filosófica fundamental cartesiana del *cogito ergo sum* a la proposición de Wittgenstein de que "los límites de mi lenguaje significan los límites de mi mundo",[52] con lo que afirma que el producto lógico de dos proposiciones no puede ser una tautología ni una contradicción. El enunciado que tiene al mismo tiempo dos respuestas diferentes es claramente una contradicción.

Para tener una mayor claridad sobre la construcción de los enunciados sobre normas jurídicas y su posterior interpretación, se tiene que iniciar con el uso del lenguaje y sus posibilidades para comunicar, para realizar actividades simples como expresar una emoción o algunas mucho más complejas como dar órdenes o actuar en consecuencia de una orden recibida; relatar un suceso o

---

[52] WITTGENSTEIN, Ludwing, *Tractatus logico-philosophicus*, trad. de Jacobo Muñoz Vegiga e Isidoro Reguera Pérez, Madrid, Editorial Gredos, 2009, p. 105.

hacer conjeturas sobre el mismo, para formar y comprobar una hipótesis y presentar los resultados a una autoridad encargada de impartir justicia.

Muchas de las actividades descritas son realizadas casi de manera automática y sin mayor razonamiento por parte de los individuos, sin embargo, para ser comprendidas en el ámbito jurídico con un sentido coherente y específico, es necesario conocer el esquema de interpretación que rige este sistema, de lo contrario, se estaría imposibilitado de comprender el significado de la norma y de su contenido intrínseco.

Así, la intencionalidad del lenguaje consiste en que éste contiene enunciados cuyo valor lógico no depende únicamente de lo que denotan, sino de lo que connotan, y al final, no sólo son los hechos los que determinan nuestros esquemas de comprensión, sino que en algunas ocasiones son nuestros esquemas de comprensión los que determinan lo que podemos percibir como hechos.[53] Es de esta manera que se pueden analizar las normas jurídicas como uno de los tipos de enunciados.

Sin embargo, desde el ámbito lingüístico, es importante señalar que no son infalibles en cuanto al fin de comunicar una idea o en relación con su función; ésta puede ser lingüística y correspondiente a una categoría distinta. Para que cumplan adecuadamente la función lingüística que les es asignada, deben ser interpretados atendiendo al contexto no sólo lingüístico, sino también social, cultural, o del área del conocimiento a que se refiera.

Así, se concluye que la función de un enunciado concuerda con su forma cuando lo consideramos de modo abstracto, sin ponerlo en un contexto lingüístico determinado, pero al interpretarlo es muy importante estudiarlo en el contexto en que se establece para poder comprender adecuadamente su contenido.

---

[53] Cáceres Nieto, Enrique, *Lenguaje y derecho. Las normas jurídicas como sistema de enunciados*, México, Cámara de Diputados, LVII Legislatura/UNAM, Instituto de Investigaciones Jurídicas, 2000 (Colección Nuestros Derechos), p. 10.

Lengua y derecho: su calificación como enunciados.

Tabla II.

Tipo de enunciado	Función	Ejemplo
Descriptivo	Corresponde a la función del lenguaje referencial o representativa. El *enunciado* es susceptible de ser verdadero o falso, porque simplemente *describe* los hechos: si los relata tal como son, es un enunciado verdadero; de lo contrario, es falso.	El derecho es considerado una ciencia social.
Prescriptivo	Se utiliza para indicarle a otro lo que debe hacer; suele incluir instrucciones o normativas que deben cumplirse.	El derecho debe ser una herramienta cuyo paradigma sea la justicia
Interrogativo	Sirven para interpelar al otro, a fin de obtener información o mitigar una duda.	¿Es acaso la filosofía una herramienta del derecho?
Expresivo	Expresar hechos sin tener que describirlos.	La filosofía es la madre de todas las ciencias.

¿Cómo es posible que esto se logre? Todo se debe a las competencias lingüísticas. Éstas, entendidas como los conocimientos sobre el valor significativo de los signos que componen una lengua –así como de las reglas de combinación de tales signos para formar un mensaje– son las que permiten medir la capacidad de las personas para entender y expresarse en un idioma, sea de forma oral o escrita.

Entonces, cuando se tiene noción de dichas competencias, los individuos son capaces de interpretar los signos, es decir, de comprender su significado; esta comprensión es la que permite crear un nuevo enunciado. Sin embargo, no debe perderse de vista que este *nuevo enunciado* tiene su origen en la interpretación del primero, razón por la que el acto de interpretación cobra relevancia.[54]

Por otra parte, las condiciones de posibilidad, desde el punto de vista filosófico, se refieren al conjunto de elementos que hay que tener en consideración para explicar por qué algo *es*. Estos elementos son todas las condiciones necesarias y suficientes para que algo exista, incluyendo los factores materiales o empíricos obligatorios para que algo llegue a *ser*.

Esta tarea aplicada a la función y sentido del lenguaje en los enunciados sobre normas brinda una comprensión más amplia de las nociones fundamentales para la comunicación de su contenido y así acercarnos más al objeto mismo de su existencia: la transformación de la realidad. El hecho de que cierta acción deba ser realizada implica que esa acción no sólo es posible, sino que también es contingente, y, por tanto, el hecho de que las normas exigen la realización de ciertas acciones presupone la posibilidad de que la acción no sea realizada.[55]

Por otro lado, desde una perspectiva tradicional, uno de los rasgos más importantes asociados a la existencia de los enunciados como normas, es que las acciones humanas a las que se refieren son –en algún sentido– obligatorias. Esta obligatoriedad se encuentra vinculada a la existencia de dichas normas, y ello, se refiere a su validez. La parte normativa de un enunciado proporciona el fundamento jurídico conceptual de éste y determina su existencia en cuanto a proposición normativa, pero se deja en el ámbito de su validez la principal cualidad de una norma jurídica: su fuerza vin-

---

[54] López Hernández, José, “Clasificación de las normas jurídicas como enunciados de actos ilocutivos”, en *Anuario de Derechos Humanos*, nueva época, vol. 6, 2005, p. 459 [en línea], <https://www.google.com.mx/url?sa=t&rct=j&q=&esrc=s&source=web&cd=&cad=rja&uact=8&ved=2ahUKEwim1LjX4NTxAhVKJKwKHbVeBvYQFjAAegQIBRAD&url=https%3A%2F%2Frevistas.ucm.es%2Findex.php%2FANDH%2Farticle%2Fdownload%2FANDH0505110455A%2F20861&usg=AOvVaw0gLg-cc6-stbpZpc1-eu86>.

[55] Fatauros, Cristián A., “Normas, acciones y posibilidad. Una reflexión sobre la naturaleza de las normas y de las acciones”, en *Cuadernos de Filosofía del Derecho*, núm. 33, noviembre, 2010, p. 673 [en línea], <https://doxa.ua.es/article/view/2010-n33-normas-acciones-y-posibilidad-una-reflexion-sobre-la-naturaleza-de-las-normas-y-de-las-acciones>.

culante. Así, si una norma es vinculante, entonces se admite que es una norma válida, y ello significa que impone obligaciones a los individuos o funcionarios de una determinada comunidad. De este modo, se sostiene que *existe*.

A efectos de determinar qué normas son jurídicamente vinculantes, los juristas emplean una serie de criterios para distinguir las normas jurídicas válidas de otras normas socialmente vinculantes. De esta manera, encontramos que la concepción tradicional se determina a partir de si una norma jurídica existe, si y sólo si, es una norma válida y esta noción de validez está conceptualmente vinculada a ciertos criterios de creación y vigencia, para poder ser aplicadas por los jueces y obedecidas por los individuos. En otras palabras, la concepción tradicional mantiene que sólo las disposiciones válidas son normativas y únicamente son posibles si son válidas.

Afirmar que los enunciados jurídicos existen puede tener varias interpretaciones en razón de su contexto. Ya vimos que en principio podemos aludir a su validez y vigencia, pero también es posible que hagamos referencia a su observancia por parte de los individuos. Este cambio de enfoque es estudiado por la sociología jurídica, que analiza esta vinculación entre la conducta humana y la posibilidad real de observancia de la norma jurídica; explica las relaciones entre la sociedad y el derecho, la interdependencia entre la regla jurídica y la vida social.[56]

Esta noción de "existencia de normas" sostiene que una norma es posible y existe cuando está vigente en cierto grupo social, pero además es observada por éste. "Las interacciones se coordinan gracias a la interiorización de las normas y los valores".[57] De esta manera, se descarta que la fuerza vinculante relacionada con la validez y vigencia de las normas sean propiedades únicas para constatar la verdad de un enunciado sobre normas y ahora,

---

[56] MORENO COLLADO, Jorge, "Sociedad y derecho", en Jorge Moreno Collado *et al.*, *Sociología general y jurídica*, México, Editorial Porrúa/UNAM, Facultad de Derecho, 2018 (Enciclopedia Jurídica de la Facultad de Derecho), p. 165.

[57] VANDENBERGHE, Frédéric, "Las condiciones de posibilidad de conocimiento del objeto y del objeto de conocimiento en sociología", en *Revista Estudios Sociológicos de El Colegio de México*, vol. XXX, núm. 89, mayo-agosto, 2012, p. 327.

además, debemos ver su grado de posibilidad de acatamiento para determinar su existencia, entendiendo al derecho también como una acción de los individuos que integran un sistema.

Tabla III.

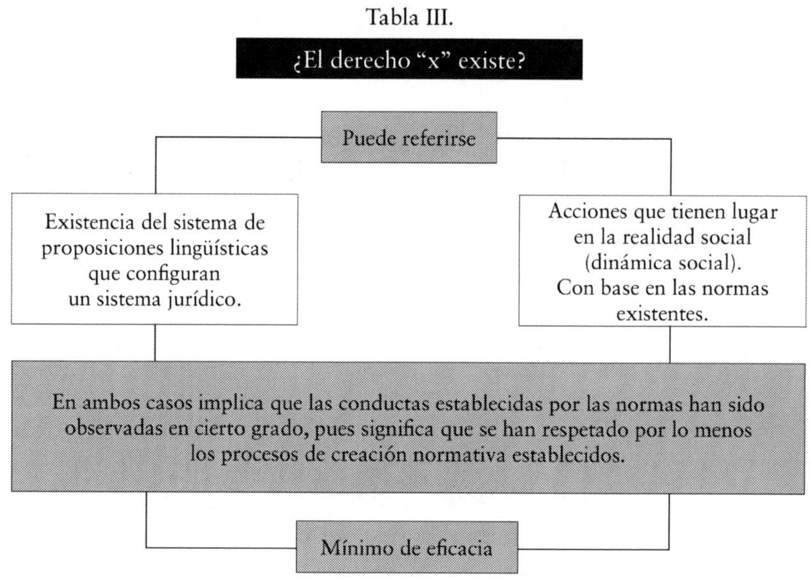

¿Qué se debe entender por "mínimo" de eficacia?

Ahora bien, ya tenemos el fundamento lingüístico necesario para hacer referencia al mundo. Sin embargo, al abocarnos a la ciencia jurídica, ¿cómo identificar un enunciado del derecho? Una vez hecha esta labor, ¿cómo interpretarlo?

II.1.1. Identificación de los enunciados del derecho

Una de las áreas de la filosofía del derecho es la elaboración de conceptos generales, normas, y sistemas jurídicos, a partir de los puntos lingüísticos que ya expusimos. Para ello, su primera tarea, naturalmente, es *identificar,* para así *interpretar* y más tarde poder *crear* y *construir.* El quehacer de identificación responde a los siguientes ejes: ¿qué es derecho? –conceptualmente– y ¿qué es el derecho de acuerdo con mi contexto? De tal manera que pueda distinguir entre lo que *es* y lo que *no es* derecho. ¿De qué for-

ma podríamos responder a estas preguntas? Por supuesto, habrá una pléyade de opciones para hacerlo, todas muy dignas de ser reflexionadas y apuntadas. Sin embargo, provisionalmente denominaremos *derecho* a todo el conjunto de normas, construidas, viables y aplicables para un determinado conjunto de individuos o sociedades.[58] Por lo tanto, esta temporal respuesta puede dar luz a ambas preguntas: *qué es derecho* y *su aplicación dependiendo el contexto*.

Ahora bien, teniendo un punto de partida de *identificación* del enunciado del derecho, ahora debemos dirigirnos a un grado más complejo: ¿Cómo identificar aquellos enunciados bajo la luz del discernimiento entre los diferentes factores esenciales que se tejen en la construcción cotidiana de enunciados? Nos referimos a identificar los factores entre vaguedad, ambigüedad y la textura abierta en el acto del habla. Para ello, ahora se desarrolla otro quehacer de la filosofía del derecho: *la interpretación*.

II.2. Interpretación de los enunciados del derecho

Interpretar es hacer tangible una expresión, es develar su significado. Consiste en volver claras las expresiones –en este caso, las oraciones–, dando a conocer su significado. Para ello, lingüísticamente se utilizan expresiones equivalentes que nos aproximen al entendimiento y puesta-en-el-mundo de los significantes que un enunciado intenta concentrar.

Esto, en relación con el derecho, se vincula directamente con las normas jurídicas, pues son justamente enunciados que han de te-

---

[58] Cabe señalar que, si bien el derecho está integrado en su mayoría por normas, no se puede, menos aún se debe, afirmar que se compone únicamente de ellas, pues "también es hecho, valor, interpretación y argumentación jurídica, entre otros elementos que explican el fenómeno jurídico". Asimismo, se hace mención de que el derecho también ha sido considerado como una práctica social, conjunto de instituciones, como el instrumento para alcanzar metas políticas, económicas o sociales, un conjunto de reglas del juego, entre otras. CÁRDENAS GRACIA, Jaime, "La norma jurídica" (capítulo cuarto), en *Introducción al estudio del derecho*, México, Nostra Ediciones/UNAM, Instituto de Investigaciones Jurídicas, 2009 (Cultura Jurídica) [en línea], <https://archivos.juridicas.unam.mx/www/bjv/libros/7/3260/7.pdf>.

ner una interpretación doctrinal o práctica, como cuando se aplica el derecho a través de resoluciones que, de igual forma, se dan a conocer mediante enunciados.[59]

Consideremos ahora el juego entre el enunciado y su significante y cómo estos se cruzan en la tarea interpretativa de los enunciados del derecho.

Vaguedad, ambigüedad y textura abierta.

Tabla IV.

Vaguedad	Ambigüedad	Textura abierta
La vaguedad concierne al significado y, por lo tanto, a la semántica de los vocablos; y a ella se debe la indeterminación lingüística de los enunciados sobre normas.	Una palabra es ambigua cuando tiene más de un significado, esto es, cuando con ella se nombra a más de una clase de objeto. La ambigüedad implica problemas de interpretación semánticos (diferentes significados), sintácticos (afectan la estructura lógica de los enunciados) y pragmáticos (pueden efectuar diferentes actos del lenguaje y no queda claro si es cumplido efectivamente).	Respecto de la textura abierta del derecho (propuesta por Hart y adoptada de las ideas de Friedrich Waismann), se tiene que los enunciados sobre normas, aun cuando usan descripciones, en casos concretos pueden surgir dudas en cuanto a su interpretación. Estos cánones de interpretación no pueden eliminar –aunque sí disminuir– estas incertidumbres. Estos son a su vez reglas generales para el uso del lenguaje y emplean términos genéricos que también requieren interpretación. Así, en el caso de los enunciados sobre normas, en algún punto en que su aplicación se cuestione, las pautas resultarán ser indeterminadas: textura abierta.

---

[59] López Hernández, José, "Clasificación de las normas jurídicas como enunciados de actos ilocutivos", *op. cit.*, p. 458.

Vaguedad	Ambigüedad	Textura abierta
La ambigüedad implica problemas de interpretación semánticos (diferentes significados), sintácticos (afectan la estructura lógica de los enunciados) y pragmáticos (pueden efectuar diferentes actos del lenguaje y no queda claro si es cumplido efectivamente).		
	Respecto de la textura abierta del derecho (propuesta por Hart y adoptada de las ideas de Friedrich Waismann), se tiene que los enunciados sobre normas, aun cuando usan descripciones, en casos concretos pueden surgir dudas en cuanto a su interpretación. Estos cánones de interpretación no pueden eliminar -aunque sí disminuir- estas incertidumbres. Estos son a su vez reglas generales para el uso del lenguaje y emplean términos genéricos que también requieren interpretación. Así, en el caso de los enunciados sobre normas, en algún punto en que su aplicación se cuestione, las pautas resultarán ser indeterminadas: textura abierta.	

Ahora bien, ¿cuál sería la condición de posibilidad de un enunciado dentro del derecho? Naturalmente, entre el juego de la validez y verdad de la misma. Es necesario recordar que el valor de verdad de una proposición normativa depende de la existencia de una norma. En opinión de Von Wright:

> [...] una norma existe cuando se establece un vínculo normativo entre autoridades y sujetos, y la validez que finaliza en una norma soberana constituye un sistema normativo, de allí

> se sigue que una norma pertenece al sistema normativo cuando es válida o soberana. La pertenencia al sistema presupone su existencia, pero no ocurre lo mismo a la inversa. De este enfoque se desprende que pueden existir normas inválidas, es decir, una proposición normativa que afirma que la norma (N) existe, puede ser verdadera y al mismo tiempo puede ser falso sostener que (N) pertenece al sistema jurídico.[60]

Aunque Alchourrón y Bulygin dudan de la utilidad de la noción de existencia normativa reconstruida por Von Wright, no ponen en cuestión la necesidad de distinguir entre existencia y pertenencia a un sistema jurídico.[61] Por el contrario, buscaron establecer una clara diferencia entre normas y proposiciones normativas.

Ellos consideran que los enunciados normativos son una forma de afirmar proposiciones normativas indirectamente; asimismo, señalan que aquello que caracteriza a las preposiciones normativas "es la explicacion de lo que se *puede* hacer a partir de dos conceptos específicos de permisión, denominados 'permisión débil' y 'permisión fuerte', respectivamente referidos a la ausencia de una norma que prohíbe una cierta acción y la existencia de una norma que autoriza una cierta acción".[62]

No deja de ser interesante la postura de Soeteman respecto de la fuerza de los permisos. Dicha teoría surge a partir de la crítica que realiza a la tesis expuesta por Alchourrón y Bulygin, en la que menciona que "si bien se tiene dos conductas permitidas, no se sabe la 'intensidad' con la que están permitidas por el derecho,

---

[60] Georg Henrik von Wright (*Norm and action. A logical enquiry*), *apud* NAVARRO, Pablo E., "Enunciados jurídicos y proposiciones normativas", en *Isonomía*, México, núm. 12, abril, 2000 [en línea], <http://www.scielo.org.mx/scielo.php?script=sci_arttext&pid=S1405-02182000000100121#fn37>.

[61] ALCHOURRÓN, Carlos y Eugenio Bulygin, *Sobre la existencia de las normas jurídicas*, México, Fontamara, 2011 (Biblioteca de Ética, Filosofía del Derecho y Política), p. 42.

[62] Alchourrón y Bulygin, *apud* NAVARRO, Pablo E., "¿Son los enunciados jurídicos proposiciones normativas?, en *Doxa. Cuadernos de Filosofía del Derecho*, núm. 35, 2012, p. 631 [en línea], <https://rua.ua.es/dspace/bitstream/10045/47451/1/Doxa_35_27.pdf>. Es entonces que, para Alchourrón y Bulygin, los puntos antes mencionados vienen a justificar "la necesidad de elaborar lógicas diferentes para el nivel prescriptivo y descriptivo de los discursos normativos".

lo que significa que las proposiciones normativas de las normas pertenecientes a un sistema no garantizan que se conozca en qué medida se puede realizar ciertas cosas".[63]

De igual forma, sostiene que los enunciados normativos no se pueden reducir a proposiciones normativas; afirma que si bien el conocimiento del derecho está relacionado con la identificación de calificaciones normativas de la conducta, esto no se debe reducir a la descripción de las normas que forman parte de un sistema normativo.[64]

En síntesis, si se admite que uno de los objetivos básicos de la ciencia jurídica es proporcionar información acerca de los derechos y obligaciones de los individuos de un grupo social, entonces se debe dar cuenta de las relaciones entre la existencia de normas jurídicas, así como la verdad de los enunciados jurídicos y proposiciones normativas.

¿Qué es la verdad? La verdad –como condición lógica– de una proposición normativa depende de la existencia de una norma. Sin embargo, dado que una norma puede existir en diversos sentidos, no hay razón para privilegiar la noción de pertenencia a un sistema normativo frente a otros conceptos de proposición normativa. Por tanto, estos argumentos parecen conducir a la siguiente disyuntiva: o bien se acepta la equivalencia entre enunciados jurídicos y proposiciones normativas, pero se admite que no toda norma jurídica pertenece a un sistema jurídico, o bien se rechaza la equivalencia entre enunciados jurídicos y proposiciones normativas.[65]

---

[63] *Idem.*

[64] Navarro, Pablo E., "Permisos, enunciados normativos y proposiciones normativas", en *Getafe*, Madrid, octubre, 2011 [en línea], <https://e-archivo.uc3m.es/bitstream/handle/10016/13857/permisos_navarro_SHIF_2011.pdf;jsessionid=8781E2D297E92BBF1957AD5B969C57C4?sequence=1>.

[65] En este sentido, A. Soeteman resalta la importancia de distinguir entre proposiciones normativas y enunciados normativos, pues afirma que los enunciados normativos no pueden ser reducidos a proposiciones normativas. No obstante, Pablo E. Navarro concluye que el énfasis en la diferencia entre normas y proposiciones normativas "ha impedido apreciar debidamente el papel que cumplen los enunciados normativos. Por tanto, si hay buenas razones para distinguir entre proposiciones normativas y enunciados normativos, entonces también hay que revisar nuestras ideas acerca de qué conocemos cuando co-

No obstante, no se puede dejar de lado que entre los juristas existe una discusión sobre la noción de proposición normativa, con la que buscan establecer: a) la distinción entre normas y proposiciones normativas y b) la distinción entre proposiciones normativas y enunciados normativos.[66]

II.3. Los juicios de valor acerca del derecho

Indiscutiblemente, la ética tiene una gran relación con los juicios de valor. Es un tema constante en filosofía, ya que, como se ha reflexionado, la ética forma parte de nuestra vida cotidiana y de su incesante reflexión. Es un tema que nos concierne, dado que es la primera forma de aproximación a la concepción de justicia –desde la doctrina cristiana con aquel precepto de *amarás a tu prójimo como a ti mismo*, como la reflexión griega clásica de la cual emanó la reflexión filosófica–. Ambas concepciones ligadas a la necesidad de justicia, la religión y, en consecuencia, a la política.

Sin embargo, fue hasta el siglo XIX que el concepto de *valor* vuelve a llamar la atención de la filosofía, siendo el filósofo alemán Lotze, quien conceptualizara los valores como algo libre de realidad, buscando hacer una distinción entre el *ser* y el *valer*.

Ahora bien, primeramente, se debe vislumbrar que existen dos concepciones en torno a los valores: la subjetivista y la objetivista. La concepción subjetivista a su vez tiene dos ramificaciones: la primera consiste en a) asemejar los valores con las cosas que nos agradan; la segunda, b) establece que las cosas que deseamos son valiosas; mientras que la corriente objetivista, representada por Max Scheler, considera que "los valores son 'bienes' independientes de los objetos donde se hallan depositados [...] Es así que, para

nocemos el derecho". NAVARRO, Pablo E., "¿Son los enunciados jurídicos proposiciones normativas?, *op. cit.*, p. 632.

66 Al respecto, señala Pablo E. Navarro que si bien "los juristas vislumbran la necesidad de distinguir tajantemente entre normas y proposiciones normativas [...] a menudo, ese *insight* ha sido dejado de lado". NAVARRO, Pablo E., "¿Son los enunciados jurídicos proposiciones normativas?, *op. cit.*, p. 630.

Scheler, los valores tendrán una existencia real, independiente y anterior al sujeto que valora, e incluso al objeto en que residen".[67]

Los valores son de orden subjetivo y cada cultura se distingue por valores distintos, mismos que, conforme se desarrollen dentro de su cultura, irán cambiando por otros. Varios filósofos consideran que, al referirse a valores, no nos referimos a objetos, sino a estados anímicos. Este es un punto de vista subjetivista encabezado por Wittgenstein o Carnap, los cuales sostienen que los juicios de valores son imperativos morales disfrazados, puesto que no hay diferencia de contenido entre el precepto que manda "no matar" y el juicio de valor "matar es malo", sosteniendo que no se pueda decir que los juicios de valor son verdaderos o falsos, puesto que no afirman ni niegan nada, únicamente emiten un punto de vista subjetivo de quien emite un juicio.[68]

Asimismo, se sostiene que cuando se da un *valor*, sólo se expresan nuestras propias emociones y no un hecho, que seguirá siendo cierto si nuestros sentimientos personales fueran diferentes. Por otra parte, si dos personas tienen una diferencia en gustos, no hay confrontación entre ellos; únicamente una diferencia de gustos. Para un existencialista, los valores van unidos a cada existencia concreta y en ese sentido es subjetivista. El acto de valorar es un acto subjetivo.

Por otra parte, Durkheim en 1911 planteó el problema de los juicios de valor y de los hechos de valor o juicios de realidad, en donde considera que, si se expresa un calificativo sobre un hecho real, sobre un objeto que existe en la realidad, estamos haciendo un juicio de realidad, un juicio de existencia; pero cuando nuestros juicios no dicen lo que son las cosas, sino que valen frente a un sujeto consciente, estamos ante juicios de valor. Cuando se emite un juicio sobre un hecho, pero le damos una calificación de alto valor moral, estamos haciendo un juicio de carácter objetivo de las cosas. Decir que algo nos gusta, es expresar nuestra inclinación subjetiva; pero decir que algo me gusta porque es mejor o peor

---

[67] González Seara, Luis, "Juicios de valor, ideologías y ciencia social", en *Revista de Estudios Políticos*, núm. 159-160, 1968, p. 7 [en línea], <https://dialnet.unirioja.es/servlet/articulo?codigo=2082597>.

[68] *Ibidem*, p. 6.

que otro, indica un juicio de valor al cual se le atribuye una cualidad objetiva. En este caso, se puede decir que los valores tienen la misma objetividad que las cosas. Los juicios de valor expresan la relación de una cosa con un ideal, siendo distinto en cada sociedad y un juicio de realidad trata de expresar la realidad misma.[69]

Los valores y los juicios han sido en nuestros tiempos altamente debatidos, más en la rama filosófica que en la jurídica; sin embargo, la justicia y su impartición difícilmente pueden escapar de la objetividad o subjetividad tanto de quien crea la norma como de quien le corresponde aplicarla. Incluso dentro de una misma sociedad es difícil poder unificar los juicios de valor, ya que los grupos sociales, su educación, situación económica, religión, etcétera, generan grandes diferencias al momento de emitir los juicios de valor.[70]

Por ello, es que se esbozarán –provisionalmente– dos categorías: el juicio de valor individual y el juicio de valor social.

El primero de ellos tiene lugar a partir de la visión particular de un individuo, de la aceptación o rechazo de ciertas condiciones, hechos o fenómenos basados en aspectos positivos o negativos. Por lo que se refiere a los juicios de valor social (o colectivo), surgen precisamente del enfoque impuesto por la sociedad, esto es, nace de las ideas valorativas y condicionadas que la sociedad ha establecido históricamente para cada periodo o etapa del colectivo.

Estos juicios de valor son creencias de las personas tanto de forma individual como colectiva (en grupos sociales) que van creando un concepto de lo que se considera importante en la vida: principios éticos y morales que hacen que cada individuo y cada sociedad vaya instaurando un juicio práctico que culmina en la aceptación de uno o varios valores determinados. El ideal colectivo es que los valores y los juicios sean verdaderos, que conduzcan a las personas a un desarrollo pleno de sus capacidades naturales, que hagan más humanas a las personas en el sentido empático, justas, solidarias, libres y que den lugar a la eminente dignidad de todo ser humano.

---

[69] *Ibidem*, p. 10.

[70] Ródenas Calatayud, Ángeles, "Juicios de valor y argumentación jurídica", en *Observatório de Jurisdição Constitucional*, año 6, vol. 1, 1982 [en línea], <https://rua.ua.es/dspace/bitstream/10045/41462/1/2013_Rodenas_OJC.pdf>.

Es así que los juicios de valor son el criterio o discernimiento de una persona, son generalmente juicios morales sobre lo *bueno* o lo *malo*; en donde juega un papel fundamental la libertad de cada persona sobre su derecho a elegir por sí mismo lo que considere como la mejor alternativa; es elegir un bien sobre otro para obtener un mejor provecho. Sin embargo, el criterio, los juicios morales, la libertad humana y la capacidad de elegir, siempre se enfrentarán al dilema moral sobre lo que es el bien o es el mal; los valores personales y los valores sociales como el respeto, la justicia, libertad, subsidiaridad, solidaridad, etcétera.

Ahora bien, todo lo anterior, al situarlo dentro del campo del derecho, nos conduce a los juicios de valor y a la argumentación jurídica. Recientemente se ha visto como el aplicador del derecho, para emitir una sentencia ante el vacío que puede dejar una norma o ante acciones extraordinarias que se encuentran precisamente descritas en la ley; hace uso de su criterio aplicando un juicio de valor, sustituyendo o tratando de interpretar lo que el legislador omitió en la ley –o no tuvo la precaución de describir suficientemente– para dar certeza sobre el juicio que debe emitir el aplicador del derecho.

Es así que los conceptos morales son usados como sustitución de la norma y se utilizan como argumentos para aplicar un criterio más apegado al juicio de valor que a un enunciado normativo o imperativo. También se utiliza el juicio de valor cuando, haciendo uso del método jurídico, se aplican las prácticas interpretativas ante la insuficiencia de un sistema asertivo en cuanto al mandato legal. Figuras como la analogía *legis* o construcciones doctrinales, como la interpretación extensiva, tienen precisamente ahí su origen.

Tal como señalaba Hart, los sistemas jurídicos adolecen de insuficiencias, que son la consecuencia inevitable de la textura abierta del lenguaje y de la relativa indeterminación de los hechos futuros.[71] Cuando esto sucede, el derecho hace uso de las consideraciones valorativas. Es así que en la actualidad, esto se ha convertido en una práctica común de los juzgadores, aunque de manera muy particular, se ve en aquellas normas que han quedado rebasa-

---

[71] Hart, H.L.A. *El concepto del derecho*, *op. cit.*, p. 240.

das por la adhesión a tratados internacionales que no se armonizan de forma inmediata, por lo que se requiere de la aplicación de juicios de valor debido a la falta de certeza jurídica de la norma en cuanto a enunciados normativos. El quehacer que ahora habrá de ocuparnos es llevar éste como otra serie de cuestionamientos que podamos enunciar, a la reflexión filosófica y lingüística.

II.4. Ética, derecho y ciencias jurídicas

A lo largo de los dos apartados anteriores, nos hemos aproximado al carácter del derecho y su necesidad de responder a las necesidades éticas de la realidad. Asimismo, hemos profundizado –siguiendo un rigor teórico– en su herramienta principal: el lenguaje y la construcción a través de éste de los enunciados propios del derecho. Ahora bien, ¿cómo se puede relacionar esta exposición para concluir con el objetivo de relacionar la ética con el derecho y las ciencias jurídicas?

Para hallar la respuesta, necesariamente debemos aproximarnos nuevamente al paralelismo entre el quehacer filosófico y los juicios emitidos en la tarea del derecho –una vez que se ha comprendido la estructura de dichos juicios a través del estudio realizado desde a) su apreciación lingüística y b) su necesario análisis por las ciencias jurídicas–.

Si se limita al plano estrictamente concerniente del lenguaje, se reducen las posibilidades de abundar en la pregunta ética fundamental del derecho: ¿qué es el verdadero bien?, ¿qué es una norma moral? o ¿qué es la libertad? Entonces se hacen preguntas que tienen que ver con la manera en que un ser humano se relaciona con el mundo y los seres humanos que le rodean, tal como se ha planteado desde el inicio. Empero, con lo que se ha estudiado en torno a la construcción lingüística de los enunciados del derecho, se puede interpelar filosóficamente dicha construcción, y así cuestionarnos: ¿qué tiene que ver lo que consideramos como un *enunciado del derecho* con la función tangible en el mundo?

Para responder esto, sin duda se debe adentrar al carácter, al análisis ético de dichos enunciados. En orden de entender las guías de análisis, abundaremos en las principales preguntas de la ética, necesarias para lograr una correlación entre la función lingüística y enunciativa del derecho y el mundo.

La ética, más allá de su expresión etimológica, se torna más compleja, ya que, como se ha mencionado, ésta se cuestiona a) las posibilidades entre el *bien* y el *mal*; b) *¿qué es la felicidad?*, siendo esta reflexión la que nos conduzca a una pregunta clave, que desde los griegos se ha planteado: c) *¿cuál es la vida que merece ser vivida?* Para ello, y para concluir este capítulo, pero a la vez, para marcar las directrices del siguiente, se debe hacer un sucinto recorrido por los puntos más destacables en más de dos mil años de ética. Parece una labor pretenciosa, sin embargo, será enriquecedora para esclarecer y suscitar la manifestación tácita de una labor paralela y continua entre la ética y el derecho sobre la construcción del mundo.

Parábola de los ciegos, Pieter Brueghel (1568, Museo Capodimomte, Nápoles, Italia).

Este breve recorrido introductorio comienza en los Países Bajos, mientras luchaban por independizarse de España. En 1567, Brueghel "el Viejo" pinta la *Parábola de los ciegos*, la cual podemos relacionar gracias al fragmento citado en la introducción. Ahora, ¿qué buscaba decir Brueghel con la pintura?

Seis ciegos caminan en fila fuera de la ciudad y el de atrás apoya su mano en el hombro del invidente que tiene delante o se sostiene en su bastón. Pero el primer hombre de la fila cayó en una zanja y el segundo pierde el equilibrio y está a punto de caer sobre el primero. Los otros ciegos no se percatan de lo que sucede ni de que caerán como fichas de dominó. Esta pintura no se burla de la ceguera, pues no muestra que estos hombres caigan por ser invidentes, sino que caen por confiar su camino en otro igual que ellos. El mensaje es que, en cuanto los seis ciegos desconfían de su propio bastón y experiencia, cuando el primero caiga, el resto irá detrás. En el mundo, representado por esta pintura, todos son ciegos y se encuentran con las mismas capacidades: la invidencia, la confianza ciega en la construcción lingüística del derecho. Por tanto, es labor de la filosofía del derecho, el encausar sus cuestionamientos hacia ello.

Brueghel probablemente toma la parábola de los ciegos de dos pasajes del Evangelio. El primer pasaje está en el Evangelio de Mateo (15:14): después de escuchar que los fariseos le reclaman curar a la gente en sábado, Jesús responde que los fariseos son como dos ciegos que caerán al hoyo porque uno guía al otro. Los fariseos se equivocan porque repiten lo que han escuchado sin reflexionar sobre ello, sin darse cuenta que la sanación de los enfermos por parte de Jesús es un acto que no se contrapone a la santificación de fiestas sagradas como el sábado. Al contrario, si reflexionaran, reconocerían que no hay horarios para los actos de bondad.

El segundo pasaje se encuentra en el Evangelio de Lucas (6:39): Jesús utiliza esta parábola para ilustrar que sólo el discípulo bien adiestrado puede ser maestro. Aquí el adiestramiento es una purificación del alma, una limpieza de malos pensamientos y una vida de buenas acciones. Sólo quien vive lo que predica, quien ha modificado su vida hacia el bien, puede ayudar a otros a modificar la suya. De lo contrario, quien no vive lo que predica sólo conducirá a las personas a una vida igual de desordenada que la suya.

Ambos pasajes del Evangelio nos guían para ilustrar una de las principales preguntas que formula la pintura de Brueghel: ¿Cómo se puede conocer el camino verdadero? ¿Acaso en esta búsqueda todos los seres humanos se encuentran en igualdad de circunstancias, de manera que no hay uno que tenga la verdad antes que otro? Es decir, ¿qué argumentos respaldan a quienes se pretenden presentar como autoridades para indicar el camino? Estas preguntas se pueden reformular en términos de la pregunta por los criterios de verdad: indaga no sólo que sea la verdad, sino cuáles sean los medios de alcanzarla.

Sin la reflexión en torno al *bien* y el *mal*, lo *justo* e *injusto* y la felicidad, ¿a quiénes seguimos?, ¿hacia dónde nos dirigimos? Es esa la importancia tanto de la filosofía como de la ética, ya que estas cavilaciones nos dirigen a cuestionarnos sobre la realidad misma, sobre el ser humano y su desenvolvimiento en sociedad. O bien, ser como los ciegos de la pintura de Brueghel, un andar a ciegas, una vida de tropiezos sin sentido.

En la antigua Grecia, Platón plantea que la felicidad, el bien, la belleza, la justicia, sólo son alcanzadas por la vía de la reflexión filosófica; sostiene que el mundo material son copias imperfectas del "Mundo de las ideas" y la *doxa*, es decir, la opinión, sólo ensombrece aún más aquellas copias en el mundo terrenal, así como los sentidos, las malas y falsas interpretaciones de la realidad misma –generalmente acuñadas a los sofistas–.

Por eso, en el Libro VII de *La República* de Platón, se destaca mediante una metáfora el mundo de las sombras y el encadenamiento entre los sujetos (los cuales se siguen unos a otros, como bien se ilustró en la obra principal), a ver esos reflejos una y otra vez. Salir de esta caverna significa el despertar y conocimiento de la *verdad*, por tanto, del *bien*, la *belleza*, la *justicia* y la *felicidad*. Empero, aquel que sale tiene como deber, regresar a mostrar esa luz de la verdad.

Por otra parte, Aristóteles, generalmente considerado el padre de la ética, parte de que el *bien* y la *felicidad* son asequibles en el mundo terrenal. Esto, bien puede confundirse con la satisfacción individual de que cada quien encuentre la felicidad, lo cual lo haría caer en un obtuso subjetivismo. Sin embargo, él no plantea esto, sino que la felicidad se encuentra en la comunidad política. Es el político por excelencia, quien tiene el deber de distribuir las inclinaciones de cada individuo y su funcionamiento correcto en sociedad, de tal manera que desarrolle todas sus potencias y alcance la felicidad.

No cabe duda de que la pintura de Rafael Sanzio, italiano del Alto Renacimiento, además de ser muy bella, resulta bastante ilustrativa al mostrar que en La Escuela de Atenas, Platón se encuentra al centro sosteniendo el *Timeo* que apunta al cielo, al *Topus Uranus*, y a su costado Aristóteles sosteniendo la ética que apunta a la tierra, en señal de que el *bien* y la *felicidad* son asequibles en vida y no de forma trascendente.

La Escuela de Atenas, Rafael Sanzio (1509-1512, Italia).

Para los cristianos del siglo XVI, no cabía la menor duda de que había un Dios creador del universo y de los seres humanos, y que la verdadera vida radicaba en seguir las enseñanzas de Cristo para vivir en él. Pero el problema que enfrentaban era conocer los medios para conseguir esa verdadera vida. Después de la reforma protestante del siglo XVI, muchos cristianos consideran que todos los seres humanos nacen en igualdad de circunstancias para encontrar el buen camino a Dios, que es la salvación del alma. Consideran que si se puede encontrar ese camino, será por medio de las capacidades naturales del ser humano, lo que significa andar a tientas como un invidente con bastón. En el camino hay muchas zanjas y pozos en los que se puede caer y perderse. Pero quien desconfía en el uso de sus propias capacidades y experiencias para encontrar el camino, no sólo deberá ser guiado por otro igual que él, sino que perderá el camino en cuanto lo pierda su guía.

En otros términos, el camino ya está perdido para quien no confía en sus propias facultades. Si un cristiano apela a la ortodoxia y argumenta que él sabe cuál es el verdadero camino porque se lo enseñaron sus maestros, se le podrá cuestionar quién se lo enseñó a sus maestros; si responde que los maestros de sus maestros y sigue así al infinito, entonces se le podrá preguntar con la parábola de los ciegos: ¿cómo está seguro de que uno de esos maestros no se cayó en la zanja y que pronto todos le seguirán?

Por otra parte, es importante considerar las ideas detrás de estas pugnas. Por medio de 95 tesis,[72] en 1517, Martín Lutero rechaza la venta de indulgencias de la Iglesia Romana como medio para la remisión de los pecados de los fieles católicos, así estuvieran vivos o en el purgatorio. Aunque ese dinero será destinado a la construcción de la cúpula que Miguel Ángel diseñó para la Basílica de San Pedro, el argumento de Lutero rechaza la tradición romana y la sucesión de Pedro como vicario de Cristo, así como su visión cuantitativa de la religión como una moral de premios y castigos. Cabe decir que hay un vínculo entre el lenguaje económico-contable y el religioso-occidental: se nace con una deuda, se pide a Dios que perdone nuestras deudas, a la vez que es deseable que nosotros perdonemos a nuestros deudores (Mt 6:9-13 y Lc 11:2-4). Así como la paradoja de los ciegos, la tradición romana no sigue la vida según el Evangelio, sino que repite una forma de vida mala que sólo conducirá a otros al mal. Entonces, ¿qué criterio tenemos para reconocer a Dios?

Según Lutero, el Espíritu Santo enseña las verdades cristianas a la propia conciencia que lee la Sagrada Escritura y la reconoce como la palabra divina. Para Lutero, el ser humano es un ser caído por el pecado original y por la ley antigua, de modo que carece de libertad y es incapaz de cumplir la voluntad divina. No hay vocación ni llamada de Dios, sino que sólo Dios perdona a los pe-

[72] Las tesis 8 a 29 se refieren a las ánimas en el purgatorio; mientras que las tesis 30 a 68, a los vivos. Aranguren (*La ética protestante*) muestra que Lutero presenta su propuesta religiosa frente a un mundo cristiano que no seguía la vida según el Evangelio. Cabe decir que la crítica de Aranguren al juridicismo que reduce la moral a la justicia (tipo Rawls) sería secundada por Spinoza: su propuesta del contrato social sólo aplica para la política, pero no para la vida ética, que es mucho más amplia.

cadores y estos sólo se justifican a través de la fe y no por medio de las obras, sea la caridad o la piedad.[73] Según Lutero, Cristo paga nuestra deuda y quita nuestra culpa por el pecado con su pasión y muerte, nos perdona y permite que seamos justos al darnos el don de la fe (entendida como esperanza y no sólo como creencia) por medio de la gracia divina.

Ahora bien, en el periodo moderno, la libertad es fundamental para la filosofía hobbesiana porque es la primera condición y posibilidad de resguardo de la vida. Se trata del inicio en el programa hobbesiano pues, sólo a través del ejercicio de su libertad, el hombre puede ordenar su vida. Por ello, la intención siguiente es articular del caos –en su sentido más riguroso– al orden. El miedo, la pasión, directriz en toda la postura de Hobbes, a perder la vida de forma violenta, tiene a la libertad como principal arma de defensa y preservación. De acuerdo con el filósofo de Malmesbury, la libertad es la ausencia de impedimentos externos.

Antes de continuar con este discernimiento, es importante aclarar y precisar la distinción entre *jus* y *lex*. El derecho o *jus* consiste en la acción irrestricta de hacer o prescindir algo, mientras que la ley o *lex* limita u obliga a hacer o prescindir de algo.

Para Hobbes, la libertad es un derecho por naturaleza (*jus naturale*). Este derecho valida que todos los hombres tienen la libertad de conservar, por todos los medios posibles, su naturaleza, es decir, su vida. Así también le permite pensar cuáles serían los mejores medios para preservar la vida. La vida de los hombres sin normas ni preceptos morales es una vida vacía y efímera, pues, sólo en su disposición natural, está dispuesto a hacer de todo por la preservación de su vida. En este sentido, tal hombre se encuentra en el pleno ejercicio de su derecho natural.

---

[73] Lutero recurre a dos pasajes de Pablo para sostener esta interpretación: *Romanos* 1:17: "Esta buena nueva nos revela cómo Dios hace *justos* a los hombres, por la fe y para la vida de fe como lo dijo la Escritura: *El justo por la fe vivirá*". Así como *Romanos* 3:27-28: "Y ahora, ¿dónde está nuestro orgullo? Se acabó. ¿Cómo? No por la Ley con sus observancias, sino por otra Ley que es la fe. / Pues nosotros afirmamos que el hombre es tenido como justo por la fe y no por el cumplimiento de la Ley". H. Martínez en su "Prólogo" a Lutero, *Escritos reformistas de 1520*, pp. 16-17.

Por otra parte, a partir de las anteriores distinciones, es posible identificar la primera ley de naturaleza: cada "[...] hombre debe procurar por la paz hasta donde tenga esperanza de lograrla; y cuando no puede conseguirla, entonces puede buscar y usar todas las ventajas y ayudas de la guerra".[74] Aquí se encuentran contenidas la búsqueda de la paz y luego su defensa a través de todos los medios. La búsqueda de paz es presupuesta en el estado natural. Las principales características de este estado son encontradas en la parte I del Leviatán, a partir del capítulo XIII, que versa sobre la condición natural del hombre. Dicha condición parte del principio de igualdad entre los hombres, igualdad en el sentido de que todos están dotados tanto de las capacidades físicas, como de las mentales en la consecución de sus fines.

De este punto de igualdad se puede aseverar lo siguiente: cualquiera puede poner de manifiesto la finitud del otro al matarlo, al presentarse ante él con el objetivo de lograr sus metas. Sobre esto surge otro problema: que también los hombres son iguales hasta este punto de la lectura, en el sentido de que todos buscan con fervor alcanzar lo que desean y disfrutarlo. Ahora bien, cabe preguntarse ¿cuál es el principal deseo entre los hombres? El de la vida y su conservación. Y es a lo largo del camino de autoconservación del hombre, que surgen ciertas vicisitudes como el aniquilamiento.

Dado este móvil del temor entre los hombres y, en palabras de Hobbes, la situación de desconfianza mutua, se observa el escenario de la anticipación, en el que los hombres a través de todos los medios posibles, ya sea por la fuerza o astucia, buscan su autoconservación y dominio sobre los demás. En este estado, naturalmente, no existe lazo que lleve a unión a los hombres o les haga sentir lazo alguno entre ellos, como algún destello de agrado, al contrario, se encuentran tan sólo sentimientos de desagrado hacia el otro.

---

[74] Felipe Hernández, Javier, "El iusnaturalismo de Thomas Hobbes", en *Criterio Jurídico*, Colombia, 2010, p. 39 [en línea], <https://www.google.com.mx/url?sa=t&rct=j&q=&esrc=s&source=web&cd=&ved=2ahUKEwjaxpGmus3xAhWrmmoFHcB3CzkQFjABegQIBBAD&url=https%3A%2F%2Frevistas.javerianacali.edu.co%2Findex.php%2Fcriteriojuridico%2Farticle%2Fdownload%2F340%2F1183%2F%23%3A~%3Atext%3DSeguidamente%252C%2520Hobbes%2520enuncia%2520la%2520que%2CHobbes%252C%25201989%253A%2520111).&usg=AOvVaw2JTk4soPXGt8UGoMiYsoGG>.

Esto trae, según Hobbes, tres principales y naturales causas de discordia entre los hombres: competencia, desconfianza y gloria. En el primer escenario, el hombre hace uso de la violencia y logra ser dueño de cosas; el segundo escenario es la defensa de las cosas que ha ganado (y esto crea un sentimiento de seguridad) y el tercer escenario, tan sólo es el sentimiento natural de reconocimiento que necesita el hombre. Así que, en rasgos generales, la condición de guerra será entendida como la manifestación de la voluntad general del hombre, de luchar por un determinado tiempo.

En este sentido, Hobbes sostiene que: "[...] la naturaleza de la guerra no está en una batalla que de hecho tiene lugar, sino en una disposición a batallar durante todo el tiempo en que no haya garantías de que debe hacerse lo contrario, todo otro tiempo es tiempo de paz." Así pues, Hobbes ilustra que la condición de naturaleza es manifiesta por un constante periodo de tiempo, donde ésta sea la voluntad del hombre por luchar. Los únicos sustentos son la seguridad, la fuerza y pericia de dominio sobre los demás.

Para Spinoza, la ética es la forma de vida que en verdad satisface las metas del ser humano, pues le permite alcanzar los tres objetos que puede desear honestamente: 1) entender las cosas por sus primeras causas; 2) adquirir el hábito de la virtud o dominar las pasiones; y 3) vivir en seguridad con un cuerpo sano. Spinoza expone estos tres deseos en su *Tratado teológico político*, en el que sostiene que los dos primeros objetos son la verdadera felicidad o beatitud y dependen de la capacidad del ser humano para ser causa adecuada de sus actos y, por lo tanto, pertenecen al poder de la naturaleza humana. En cambio, el tercer objeto es la felicidad temporal y depende tanto de la potencia humana como de causas externas. Se trata de la política porque ésta ayuda al ser humano a relacionarse mejor con otros seres humanos y con la naturaleza en general, pues permite construir racional y colectivamente las condiciones para aprovechar positivamente las causas exteriores en la medida de lo posible. Así, hay dos tipos de felicidad, una temporal y otra eterna; la primera prepara el camino para la segunda.[75]

---

[75] SPINOZA, *Tratado teológico-político*, [s.p.i.] [en línea], <http://lobosuelto.com/wp-content/uploads/2020/04/Tratado-teol%C3%B3gico-pol%C3%ADtico.pdf>.

Después de escribir la *Crítica de la razón pura*, Kant considera que el ser humano no es sólo razón teórica, sino también práctica: la libertad. Nuestro valor es inmutable: la dignidad. Nunca se pierde nuestra capacidad de decisión y nos la confiere la libertad. Sin embargo, para dirigirnos correctamente, es imperante un juicio *a priori* universal y necesario.

¿Cómo desarrollar esa norma moral? A partir de una regla universal e inmutable: el imperativo categórico. Para Kant, éste manda obrar según una máxima tal que quien la observe pueda aspirar a que se convierta en ley universal. Para ilustrar mejor la idea anterior, se considera oportuno delinear lo que es una *máxima*. Por ésta se debe entender una *regla* que contiene las razones por las que alguien actúa de cierta forma, de modo tal que nos permita entender si las razones por las que actuamos son *buenas* o *malas*. Por ejemplo, respetar la luz roja de un semáforo para evitar una multa.[76]

Este imperativo categórico, el cual se basa en la regla de oro: "no hagas a otros, lo que no quieras que te hagan a ti", debe ser universal y atemporal. Debe cumplirse en cualquier tiempo y lugar. Esta concepción ética, presupone uno de los últimos grandes sistemas sobre la reflexión filosófica en torno a la *costumbre* humana.

Por otra parte, para Hegel la ética se divide en dos esferas donde se expresan diferentes mecanismos de reconocimiento, los cuales se ilustrarán a partir de los conceptos que responden a las esferas: a) subjetividad, responde a la primera: la familia; b) persona, que responde a la segunda: la sociedad, donde sus formas de interacción son: los acuerdos, y dos, el trabajo a través del cual se supera la negatividad de lo otro. A través de estas figuras se exige el reconocimiento no sólo a nivel intersubjetivo, sino también en la transformación para el desarrollo del *mundo*, del *pueblo*. Puesto que el trabajo suprime lo otro y lo transforma en parte de sí, el trabajo anula la alteridad, es decir, niega la naturaleza para transformarla en la positividad y consolidarla, como ya se mencionaba, en la

---

[76] Rivera Castro, Fabiola, "El imperativo categórico en la fundamentación de la metafísica de las costumbres", en *Revista Digital Universitaria*, vol. 5, núm. 11, diciembre, 2004 [en línea], <http://www.revista.unam.mx/vol.5/num11/art81/dic_art81.pdf>.

concreción del mundo, del pueblo, de su expresión: el *espíritu*. Por ello, el *espíritu* (*geist*) es superior a la naturaleza, porque es ya la concreción de la lucha y relación dialéctica con el sujeto.

En la esfera de la sociedad, se apuntaría por último –como anzuelo al proyecto político que subyace a la propuesta hegeliana– que éste es el que satisface necesidades y éstas, al no ser satisfechas, implican alienación. Finalmente, todas las formas de vínculo social implican dominación y alienación, por ello se da la *lucha* por el reconocimiento.

Hegel identifica que el derecho mismo es la condición de posibilidad para la libertad.[77] Esto suscita una serie de planteamientos para llegar a identificar por qué el giro en el juego de la libertad y el derecho en Hegel. Entre ellos, primero reconoce la necesidad de recurrir a la historia como herramienta fundamental en el estudio de las formaciones políticas, las naciones y el pensamiento, con vistas a demostrar un progreso continuo. Luego, esto nos permite encontrar los síntomas –expresados por la religión y la filosofía– de la posición de la reflexión humana en cada estadio y cómo éstos, a su vez, han ido modificado los modelos sociopolíticos. En suma, la tesis central es la defensa de la síntesis de la superación de contradicciones que Hegel detecta en el Estado moderno, hacia la conclusión de una ética del reconocimiento inserta en un modelo constitucional en la formación del Estado.

Finalmente, el filósofo de la sospecha, en esta obra de su segundo periodo, un Nietzsche más llano, menos metafísico. Se aboca a plantear genealógicamente la culpa (*schuld*) y ésta recaída necesariamente en la tradición judeocristiana. ¿Qué busca señalar con esto? El ser humano no ha sido plenamente libre en su capacidad desiderativa, sobre las distinciones entre el *bien* y el *mal*. Dirige a un ejercicio de autorreflexión, en el que el hombre sea capaz de lograr la distinción entre los horizontes morales que han sido cons-

[77] Asemeja la ética como una disciplina social en la búsqueda por concretar la realización del espíritu absoluto en el pueblo. Para él, *el reconocimiento* es el mecanismo que eslabona todas las esferas de interacción del individuo. Buscó abrir las interrogantes sobre qué efecto, a nivel ético-político, tuvo –es decir, influenció posteriormente– y tiene todavía situar el reconocimiento como eje de un sistema de eticidad.

truidos e impuestos, *quasi*, conductualmente mediante un juego de premios paradisiácos y sanciones infernales, a través de la culpa. En contraste con el develar subjetivo y autorreflexivo sobre *qué* es el bien, *qué* es el mal.

Nietzsche parece adentrarse en una posición subjetivista, relativista, o bien solipsista, pero curiosamente, a pesar de sus fuertes críticas a Kant, sustenta una sociabilidad entre los sujetos respetando el valor intrínseco más alto, entre los seres humanos: la vida. Sin embargo, a pesar de su perspectiva vitalista, deja un hueco nihilista en la filosofía... ¿Qué concierne al ser humano en sociedad? En contraste con las posturas anteriores: ¿cuál es el papel que desempeña socialmente el hombre en sociedad? ¿la felicidad, el bien y el Mal, no es ya eminentemente un proceso intersubjetivo?

En conclusión y como apunte final a este capítulo, ya se puede plantear abiertamente la pregunta: ¿cuál es la relación del derecho y la ética? Eminentemente que de la costumbre derivan las formas de asociación, deriva el constructo que después se denomina derecho. Así que, como pensadores de segundo grado, hemos de cuestionar dicho constructo, continuamente no sólo a través de las herramientas del lenguaje, del conocimiento de su aplicación, del sentido de identificación e interpretación, sino que también con el análisis de las implicaciones de *valor* que subyace a éstas.

III. Teorías éticas y el derecho

Rogelio Z. Rodríguez Garduño[78]
Anayeli Rojo Sánchez[79]

No hay más que un solo legislador y juez, aquel que puede salvar y destruir. Tú, en cambio, ¿quién eres para juzgar a tu prójimo?
Santiago 4:12. Nuevo Testamento

A continuación, se hará un recorrido expositivo y monográfico sobre las principales teorías de la ética. A partir de las herramientas anteriormente otorgadas, ahora se podrá reflexionar desde esta teoría, para poder concluir fácilmente su relación con el derecho.

III.1. Racionalismo y iusnaturalismo

Racionalismo

"Desde el punto de vista epistemológico, con el término *racionalismo,* se mencionan las [posturas] filosóficas que tienen en común defender la primacía de la razón en la construcción del conocimiento humano", lo que quiere decir que le "corresponde a la razón humana la tarea de formular [...] los principios del conocimiento y las proposiciones de alcance general sobre los objetos del conocimiento".[80]

---

[78] Egresado de la Universidad Nacional Autónoma de México, institución en la cual se titula de la Licenciatura en Derecho con Mención Honorifica, y se hace poseedor de la medalla "Gabino Barreda" por haber obtenido 10.00 de promedio. Asimismo, por la Universidad Panamericana obtiene los títulos de Maestro en Derecho Procesal Constitucional, Maestro en Ciencias Jurídicas y finalmente Doctor en Derecho. Cuenta con una Especialidad en Administración de Empresas de Servicio, por el Instituto Tecnológico Autónomo de México.

[79] Colaboradora en el trabajo de compilación e investigación, así como en la realización de correcciones en el libro, en las diferentes etapas, para cumplir con los lineamientos editoriales.

[80] Blasco Estellés, Josep, voz: "racionalismo", en Jacobo Muñoz y Julian Velarde, eds., *Compendio de epistemología*, Madrid, Trotta, 2000 (Colección Estructuras y Procesos. Serie Filosofía).

La forma más antigua del racionalismo la encontramos en Platón, quien estaba convencido de que todo verdadero saber se distingue por las notas de la necesidad lógica y la validez universal. Sin embargo, su máximo exponente fue René Descartes, quien marcó de forma definitiva el cambio de perspectiva de la filosofía medieval y renacentista hacia la Edad Moderna.

Dentro de esta misma vertiente se encuentra Johannes Hassen, quien sostiene que el racionalismo –que proviene del latín *ratio* que significa "razón"–, es la corriente epistemológica que ve en la razón la fuente principal del conocimiento humano y añade que, de acuerdo con esta corriente, un conocimiento es verdadero cuando nuestra razón juzga que una cosa debe ser así y que no puede ser de otro modo; por tanto, siempre y en todas partes, tiene que ser así.

Siguiendo esta misma línea de pensamientonte se encuentra Villoro Toranzo, quien define el racionalismo como:

> Toda doctrina filosófica en la que se exagera el papel de la razón con detrimento del papel de la experiencia; en un sentido más preciso, es el método de investigación científica cuyo criterio de verdad son los datos obtenidos por deducción, con exclusión de los datos empíricos obtenidos por inducción.[81]

Sin embargo, el pensamiento que habrá de revisarse a mayor profundidad es el propuesto por René Descartes, considerado el padre de la filosofía moderna, quien elaboró la corriente filosófica del racionalismo, señalando que forzosamente debe existir la razón para que los hombres puedan acercarse al conocimiento, ya que sólo de esta forma es posible conocer las verdades universales que sirven como base para la construcción de la filosofía y la ciencia.

Descartes elaboró esta corriente a partir de una inquietud fundamental para él: lograr la construcción de un sistema filosófico que permitiera al hombre contar con verdades *claras y evidentes*, para lo cual partió de la *duda* como único vehículo metodológico, poniendo en duda todo, dejando de lado el conocimiento que se

---

[81] Villoro Toranzo, Miguel, *Introducción al estudio del derecho*, 21a. ed., México, Editorial Porrúa, 2012, p. 49.

adquiere a través de los sentidos por considerarlo equívoco. Descartes inició la construcción de su sistema intelectual afirmando que la primera verdad evidente es el propio hecho de estar dudando y que la duda sólo es posible por la razón.

De esta primera verdad *cogito ergo sum*, que se ha traducido como *pienso*, *luego existo*, Descartes deriva todo su sistema, poniendo como centro de todo conocimiento verdadero lo que a la razón le es claro y evidente. El argumento de que la razón humana es lo único de cuya existencia no puede dudarse, introdujo una inversión absoluta de la filosofía tradicional, antigua y cristiana. La razón que descubre Descartes es común a todos los hombres. La diversidad de opiniones no significa más que diversos modos de guiar la razón, por lo tanto, concluye que la razón siempre es una y la misma en todos los casos. Este postulado le lleva a afirmar el principio de la unidad de la razón. Así, al participar todas las ciencias particulares de la misma razón, se llega a la posibilidad y a la exigencia de construir una ciencia universal.

De acuerdo con el pensamiento de Descartes, el conocimiento se obtiene por medio de procesos cognitivos *a priori*, ya que los sentidos engañan; por consiguiente, la experiencia es una fuente confusa de conocimiento. La filosofía cartesiana es racionalista e idealista: racionalista porque funda su criterio de evidencia en la claridad y distinción de las ideas y no en la percepción ni en los sentidos; idealista porque afirma que las cosas aparecen como siendo *para mí* y la realidad que les corresponde es ideal. Las ideas son innatas, existen en la mente previas a cualquier experiencia. Así, el conocimiento del espíritu no depende del conocimiento del mundo, sino que el conocimiento del mundo depende del conocimiento del espíritu.

El método que utiliza Descartes para construir el conocimiento de acuerdo con sus postulados es el método basado en el procedimiento matemático, cuyas cuatro reglas fundamentales describió de la siguiente manera:

> [No] admitir como verdadera cosa alguna, como no supiese con evidencia que lo es; es decir, evitar cuidadosamente la precipitación y la prevención, y no comprender en mis juicios nada más que lo que se presentase tan clara y distintamente a mí

espíritu, que no hubiese ninguna ocasión de ponerlo en duda. El segundo, dividir cada una de las dificultades, que examinare, en cuantas partes fuere posible y en cuantas requiriese su mejor solución. El tercero, conducir ordenadamente mis pensamientos, empezando por los objetos más simples y fáciles de conocer, para ir ascendiendo poco a poco, gradualmente, hasta el conocimiento de los más compuestos, e incluso suponiendo un orden entre los que no se preceden naturalmente. Y el último, hacer en todo unos recuentos tan integrales y unas revisiones tan generales, que llegase a estar seguro de no omitir nada.[82]

Este método cartesiano resultó ser idóneo para las ciencias de la naturaleza, por lo que el derecho aspiró igualmente a su aplicación, suponiendo que se podrían descubrir y describir las leyes universales que rigen la conducta social del hombre, leyes que poseerían el mismo rigor que las físicas al ser extraídas de la naturaleza por los métodos matemáticos.

En suma, de acuerdo con Eugenio Molera, los rasgos que mejor caracterizan al racionalismo moderno son los siguientes:

a) Todos nuestros conocimientos proceden de la razón.
b) El conocimiento puede ser construido deductivamente a partir de unos primeros principios.
c) El racionalismo fundamenta el verdadero conocimiento en las ideas innatas. La experiencia no es buena herramienta para el conocimiento científico. Hay un cierto desprecio por el conocimiento sensitivo. La experiencia sólo es un medio para conocer la verdad que la mente descubre en sí misma.
d) La intuición y la deducción intelectual son los métodos más adecuados para el ejercicio del pensamiento.
e) La matemática es la ciencia ideal, por su rigurosidad deductiva. La filosofía debe tomar el método matemático y aplicarlo para obtener una objetividad y certeza parecidas de verdades evidentes, a partir de las cuales fundamentar todo el saber.
f) El criterio de verdad racionalista, serán las verdades claras y distintas (evidentes) que la razón pueda concebir.
g) Por lo tanto, hay una apreciación optimista de la razón, frente al escepticismo. Esta no tiene límites y puede alcanzar todo lo real.

---

[82] DESCARTES, René, *Discurso del método*, México, Editorial Alianza, 2011.

h) Dios, es el auténtico criterio de veracidad, por lo que, demostrar la existencia de Dios en la filosofía de Descartes, juega un papel fundamental. Se apoya en el argumento ontológico y en cierta medida en alguna vía de Santo Tomás.[83]

Siguiendo la misma línea de pensamiento, para Hugo Grocio –contemporáneo de Descartes–, el derecho natural es la manifestación que se da a través de lo que la recta razón demuestra conforme a la naturaleza sociable del hombre.[84] En dicho postulado es posible notar la superioridad que da a la naturaleza social y racional de los hombres, misma que viene a ser el origen y base del derecho natural.

Por su parte, Carlos Fuentes López sostiene sobre el racionalismo en materia jurídica lo siguiente:

> El racionalismo defiende y postula un iusnaturalismo, basado en la existencia de normas generales, abstractas y eternas, que regulan la naturaleza del hombre, sobre las cuales debe descansar todo sistema de derecho positivo para ser válido y obligatorio. Estas leyes naturales pueden ser formuladas y conceptuadas por el hombre por su sola razón, por lo que la regulación de la vida del hombre en sociedad puede ser reducida a dichas leyes, cuya precisión y validez universal se asemejan a las leyes de la naturaleza, con las que comparte el método matemático, único capaz de proporcionar la claridad y evidencia que exige la verdad racional. Con el método matemático se creía que podrían extraerse las leyes del obrar humano con toda precisión, y, entonces, crear un nuevo sistema jurídico.
>
> [Podemos] afirmar que la máxima del iusnaturalismo racionalista es que el hombre debe comportarse conforme a su propia naturaleza porque si no lo hace, no cumple con las exigencias de la razón. En el pensamiento iusnaturalista-racionalista hasta Dios se concibe como un producto de la razón. Sólo importa lo que es claro y evidente. Todo lo demás se desecha por misterioso o supersticioso. Se diferencia porque es puramente

---

[83] Molera, Eugenio, *El racionalismo moderno*, pp. 8 y 9 [en línea], <https://cdn.website-editor.net/33a8871d66e14c2ba0a24b619954bc3f/files/uploaded/DESCARTES%2520Y%2520EL%2520RACIONALISMO%2520MODERNO.pdf>.

[84] De esta forma, Grocio consigue separarse de la teología y establece que este orden se mantendría aún sin la existencia de un Dios.

> racionalista, es decir, se suprime toda base teológica; se queda únicamente con la base de la ley natural, que es de carácter racional: todos los seres se rigen por leyes naturales cuya validez descansa en la misma naturaleza de las cosas. El derecho natural moderno se mantiene en la línea del concepto racionalista de la ciencia. En él la razón no se erige sólo en instrumento de conocimiento del derecho correcto, sino que también es su fuente. La razón humana es la que proporciona al hombre la ley natural. Ya no existe *logos* ni ley eterna, no existe verdad dada de antemano. El hombre depende total y exclusivamente de su capacidad de conocimiento. Ya no son la autoridad y la tradición las que determinan el derecho correcto, sino lo que es comprensible racionalmente.[85]

Como podemos observar, el desarrollo del pensamiento racionalista no sólo se aplicó en las ciencias exactas, sino también permeó en las disciplinas sociales, como es el caso del derecho, de ahí la importancia de este pensamiento y su relación con el iusnaturalismo, tema que se desarrollará a continuación.

Iusnaturalismo

El término "iusnaturalismo" proviene del latín *ius* (derecho) y *naturale* (natural o relativo a la naturaleza), por lo que literalmente significa "derecho natural", mientras que el sufijo *ismo* es usado para formar sustantivos que suelen significar "doctrina", "escuela". Por lo tanto, el iusnaturalismo se refiera a la forma en la que se organiza el conocimiento (jurídico).

En la historia del derecho, el iusnaturalismo es la corriente de la filosofía jurídica que apareció inicialmente y que dominó el campo de las doctrinas del derecho y que, de acuerdo con el desarrollo de sus ideas, se divide en dos grandes grupos: a) el teológico y b) el laico o racional.

La primera división propone que la validez del derecho natural o justo se origina en la naturaleza del hombre como *hijo de Dios*; presenta la razón divina como ley eterna, que busca conservar el

---

[85] Fuentes López, Carlos, *El racionalismo jurídico*, México, UNAM, Instituto de Investigaciones Jurídicas, 2003, p.140.

orden natural sin alterarlo. Al mismo tiempo (aunque en un grado menor), está la ley natural y en último nivel la ley humana, producto del raciocinio humano.

La segunda sustituye la idea del Creador por el carácter racional del ser humano, esto es, el derecho es válido porque resulta de la naturaleza del hombre como ser racional.

La transición del iusnaturalismo teológico al laico o racional se dio con Hugo Grocio, pues como ya se refirió con anterioridad, para este autor el derecho natural es aquello que la recta razón demuestra conforme a la naturaleza sociable del hombre. Entonces, Hugo Grocio se encargó de separar el derecho y su ciencia de la religión y la teología, para lo cual, se apoyó en las obras de los filósofos escolásticos, quienes abrieron la puerta del carácter racional del hombre como elemento fundamental del derecho, y si bien Grocio no se propuso separar el derecho de la religión, sí le dio mayor importancia al carácter racional del ser humano en la creación del derecho (más que como simple manifestación de la voluntad de Dios).

Para comprender mejor esta corriente filosófica del iusnaturalismo, a continuación se hará una breve mención de algunas definiciones e ideas en torno al tema.

Julieta Marcone resume el iusnaturalismo de la siguiente manera:

> En resumen, el iusnaturalismo supone la existencia de un derecho trascendente y anterior al derecho positivo. Derecho que, bajo la sombra de la razón, de la naturaleza, o de Dios, es asumido como el único orden regulador de validez universal, al que los hombres, guiados por la "recta razón", pueden aspirar. Independientemente de las diferencias que plantean los distintos representantes del iusnaturalismo en torno a la fuente de la legitimidad o al contenido concreto del derecho natural al que apelan, todos ellos coinciden en que el derecho natural es la única manifestación universalmente válida y necesaria de lo que debe ser un orden justo y racional; por ende, el derecho positivo no debe hacer otra cosa más que guardar celosamente el cumplimiento y el respeto de este derecho natural. El derecho positivo nunca debe contradecir al derecho natural y, llegado el caso, siempre debe prevalecer el derecho natural sobre el positivo pues, se debe suponer que pueden equivocarse los hombres

> pero no la naturaleza (divina o racional) en que se funda el derecho natural.[86]

De acuerdo con Carlos Santiago Nino, en *Introducción al análisis del derecho*, la concepción iusnaturalista puede caracterizarse diciendo que ésta consiste en sostener conjuntamente las siguientes dos tesis:

> a) Una tesis de filosofía ética que sostiene que hay principios morales y de justicia universalmente válidos y asequibles a la razón humana.
> b) Una tesis acerca de la definición del concepto de *derecho*, según la cual un sistema normativo o una norma no pueden ser calificadas de "jurídicas" si contradicen aquellos principios morales o de justicia.
> Si alguien rechaza alguna de estas tesis, aun cuando acepte la otra (suponiendo que ello sea posible), no será considerado un iusnaturalista.[87]

John Finnis, en su libro *Ley natural y derechos naturales*, menciona que la ley natural se puede mostrar con las siguientes afirmaciones:

> Hay (i) una serie de principios prácticos básicos que muestran las formas básicas de realización humana plena como bienes que se han de perseguir y realizar, y que son usados de una manera u otra por cualquiera que reflexiona acerca de qué hacer, no importa cuán erróneas sean sus conclusiones; y (ii) una serie de exigencias metodológicas básicas de la razonabilidad práctica (siendo ésta una de las formas básicas de realización humana plena) que distinguen el pensamiento práctico correcto respecto del incorrecto, y que, cuando se hacen todas operativas proporcionan los criterios para distinguir entre actos que son (siempre o en circunstancias particulares) razonables-consideradas-todas-las-cosas (y no simplemente en relación-a-un-objetivo-particular) y actos que son razonables-consideradas-

---

[86] Marcone, Julieta, "Hobbes: entre el iusnaturalismo y el iuspositivismo", en *Andamios. Revista de Investigación Social*, México, vol. 1, núm. 2, junio, 2005, p. 126 [en línea], <https://www.redalyc.org/pdf/628/62810206.pdf>.

[87] Santiago Nino, Carlos, *Introducción al análisis del derecho, Barcelona, Ariel, 1995, pp. 27 y 28.*

> todas-las-cosas, *i.e.* entre modos de obrar que son moralmente rectos o moralmente desviados –haciendo así posible formular una serie de pautas generales–.[88]

Por su parte, Gustavo Zagrebelsky apunta que según el pensamiento iusnaturalista, el paso del *ser* al *deber ser* resulta posible porque se asume la justicia como valor. La justicia representa el máximo imperativo o la norma primaria presupuesta de la que deriva cualquier otra normatividad.

En el mismo sentido, García-Huidobro aporta las razones por las que asume importante para una sociedad que los juristas reconozcan la existencia de un derecho natural e, incluso, que mantengan alguna teoría iusnaturalista:

> La primera es que la idea de derecho natural está estrechamente relacionada con la noción de límite. Y en nuestra época, por razones tan diversas como pueden ser los abusos del totalitarismo, la destrucción de la familia, la explotación de la mujer y la destrucción del medio ambiente, es particularmente necesario recuperar la idea de límite. Pero también hay una razón positiva, a saber, que es posible que la admisión de ciertos criterios de justicia que valgan más allá del consenso y la ley vigentes nos ayuden a tener un derecho y una política mejores que los actuales [...] Si soy iusnaturalista no es, en primer lugar, porque mis padres o mi Iglesia lo sean. Soy iusnaturalista porque pienso que el iusnaturalismo (al menos en su intuición fundamental) es verdadero, es decir, que existe al menos un principio de justicia suprapositivo que permite establecer límites discernibles entre lo humano y lo inhumano.[89]

---

[88] Finnis, John, *Ley natural y derechos naturales*, trad. de Cristóbal Orrego S., Buenos Aires, Editorial Abeledo-Perrot, 2000. *Vid.* Contreras Aguirre, Sebastián, "El primer principio de la ley natural, según Finnis-Grisez y Rhonheimer y las lecturas contemporáneas de *Summa theologiae* i,ii, q. 94, a. 2", en *Revista de Derecho de la Pontificia Universidad Católica de Valparaíso*, Valparaíso, núm. 43, diciembre, 2014 [en línea], <http://dx.doi.org/10.4067/S0718-68512014000200018>.

[89] Joaquín García-Huidobro, *apud* Contreras, Sebastián, "Derecho positivo y derecho natural. Una reflexión desde el iusnaturalismo sobre la necesidad y naturaleza de la determinación", en *Kriterion. Revista de Filosofía*, Brasil, Universidade Federal de Minas Gerais, 2013 [en línea], <https://www.scielo.br/j/kr/a/NvPF9X7rbLZRzvJzbdKSNQD/?lang=es>.

Como se puede observar, existen diversas concepciones en torno al iusnaturalismo, sin embargo, es posible notar que todas hacen referencia a un contenido de moral inherente a la naturaleza humana, que es superior a cualquier derecho positivo al cual se llega mediante la razón. No obstante, no se puede dejar de lado que la doctrina iusnaturalista subraya la idea de que el derecho vale y obliga como tal en cuanto a que se ajusta a un estado de cosas predeterminado por un orden superior que es indisponible para los hombres.

III.2. Cognoscitivismo y emotivismo

Cognoscitivismo

Los antecedentes del cognoscitivismo se encuentran en el relativismo positivo y en la fenomenología. Dicha corriente apareció en los años sesenta, no como una escuela psicológica, sino como una orientación, la cual se remonta a las diferentes corrientes y escuelas psicológicas, oponiéndose al conductismo, del cual se rechaza la relación estímulo-respuesta y la cual es sustituida con la hipótesis de que el organismo, lejos de ser un receptor pasivo, funciona de manera activa y selectiva respecto a los estímulos ambientales, siguiendo un preciso proyecto de comportamiento.

Con la llegada de la psicología científica, el significado del término *mente* se trasladó a los distintos sistemas de pensamiento, que lo determinan basándose en su propia estructura de categorías y en sus premisas teóricas, que se expresan, por ejemplo, en el cognoscitivismo: "[que] hace de la mente el centro de la subjetividad entendida como agente activo capaz de elaborar y transformar las informaciones que se derivan de la experiencia".[90]

Luego entonces, el cognoscitivismo estudia cómo procesamos, almacenamos e interpretamos la información en la mente, considerando:

a) Que los conceptos no son el producto de la abstracción, que permite reunir bajo una denominación común los rasgos

---

[90] Abbagnano, Nicola, *Diccionario de filosofía*, *op. cit.*

idénticos de los objetos, separándolos de los peculiares, sino la manifestación con la que se organizó la experiencia, por lo que los conceptos son predictivos en el sentido de que permiten tratar los acontecimientos futuros si el sujeto los organiza con el mismo estilo de experiencia;

b) Que la experiencia es resultado de un constructo personal que funciona en un esquema cerrado, que impide el enriquecimiento de la experiencia misma o en un esquema abierto, que reduce su componente esquemático a medida que reúne los contenidos empíricos que necesitan una continua reestructuración de la forma de vivir la experiencia;

c) Que el efecto atmósfera actúa en los procedimientos lógicos por lo que, en el ejemplo silogístico, una premisa universal y una particular producen una atmósfera particular; una premisa afirmativa y una negativa crean una atmósfera negativa; una hipótesis agregativa crea una atmósfera de cautela orientada a aceptar conclusiones débiles y prudentes, y así sucesivamente;

d) Que en la comunicación, el mensaje puede alterar el contexto comunicativo con los consiguientes malentendidos y desconocimientos que la lógica, que preside la programación de las computadoras, hace evidente.

Una vez definido el cognoscitivismo en el ámbito del derecho, se puede decir que el derecho natural parte de un cognitivismo ético que sostiene la posibilidad de conocer las dimensiones fundamentales del bien o perfección humana, y que dirige racionalmente las acciones a un fin.[91] Mediante la razón práctica, se pueden conocer tales bienes humanos, por ejemplo, la vida, la integridad física, la salud, etcétera. Bienes que cualquier hombre conoce cuando los experimenta y lo perfeccionan cuando los vive.[92]

---

91 *Idem.*

92 Para hacer una sucinta distinción entre el cognitivismo ético y el psicológico, así como las directrices de la epistemología, nos ceñimos a los términos de Nicola Abbagnano: "el cognitivismo ético defiende la tesis de que los principios morales son [...] *fruto de un conocimiento innato o adquirido, de tipo intuitivo o demostrativo*".

En el ámbito interpretativo del derecho, Isabel Lifante Vidal indica:

> [las] llamadas "teorías cognitivistas" [...] consideran que la naturaleza de la actividad interpretativa es la de ser un acto de conocimiento: existen por tanto interpretaciones verdaderas, del mismo modo que existen interpretaciones falsas. Dentro de estas teorías podemos distinguir a su vez entre aquellas que consideran que el criterio de verdad viene dado por el significado literal de las palabras usadas por el legislador, de las que consideran que viene dado por su correspondencia con las intenciones del legislador (teorías intencionalistas). [...] La teoría de Hart, por ejemplo, pretende situarse precisamente en un punto intermedio entre lo que él considera como la "pesadilla" (las teorías escépticas) y el "noble sueño" (el cognitivismo). En su opinión, "interpretar el derecho" sería una vía intermedia entre "decir el derecho" (cognitivismo) y "crear el derecho" (escepticismo).[93]

Actualmente, el modelo del cognoscitivismo en los modelos pedagógicos contemporáneos se basa en el análisis psicológico de los procesos del conocimiento del hombre. Algunos psicólogos y escuelas psicológicas han elaborado modelos de distinto alcance a partir del estudio y explicación de los procesos cognoscitivos; su fuente filosófica se vincula con la teoría del conocimiento, aunque trascienden estas posiciones en la búsqueda de una comprensión psicológica y no sólo filosófica de estos procesos.

Emotivismo

El emotivismo es el conjunto de teorías que sostienen que:

a) Que los enunciados o juicios éticos no son, primordialmente, enunciados descriptivos;

---

[93] Lifante Vidal, Isabel, "Interpretación jurídica", en *Enciclopedia de filosofía y teoría del derecho*, vol. 2, ed. por Jorge Luis Fabra Zamora y Verónica Rodríguez Blanco, México, Instituto de Investigaciones Jurídicas, 2015 (Doctrina Jurídica, 713).

b) Los juicios éticos no son susceptibles de ser declarados verdaderos o falsos o que, al menos, la verdad y la falsedad sólo se predican de ellos en un sentido secundario;
c) Que los términos éticos "bueno", "malo", "correcto", etc., no designan propiedades de los sujetos o eventos de los que gramaticalmente se predican, o que no lo hacen así principal y exclusivamente; y
d) Que los juicios éticos tienen como única función, o como función básica, ordenar o recomendar algo a alguien, o expresar la actitud de quien los formula y provocar una actitud similar en la persona a quien se formula.

Siendo los incisos a), b) y c) tesis negativas del emotivismo y el inciso d) su tesis positiva. Las raíces del emotivismo se ubican en el positivismo lógico, por ello indica Eduardo Rabossi que:

> [Sí] se deja de lado la conexión circunstancial entre el emotivismo y el positivismo lógico y se presta atención, en cambio, al desenvolvimiento de los estudios éticos dentro del campo de la filosofía analítica, resulta claro que el emotivismo abarca una etapa que se inserta inmediatamente después de la que se caracteriza por el desenvolvimiento y predominio del *intuicionismo ético*. El emotivismo intenta romper drásticamente con los principios y supuestos básicos del intuicionismo y, paralelamente, con los del naturalismo ético. Y puede afirmarse que consigue plenamente tal propósito. De tal manera, resulta difícil imaginar la posibilidad de superarlos sin hacerse cargo, en toda su plenitud, de las objeciones básicas que formula contra tales doctrinas éticas.[94]

Uno de los exponentes del emotivismo es Charles L. Stevenson, que estima que el lenguaje moral, a diferencia del lenguaje común que describe hechos, funciona como un medio para influir sobre la conducta de los demás. Para Juan Carlos Marulanda Hernández, el emotivismo moral funciona en la filosofía como una teoría del sig-

---

[94] Rabossi, Eduardo A., "Emotivismo ético, positivismo lógico e irracionalismo", en *Revista de Filosofía Diánoia*, FCE/UNAM, Instituto de Investigaciones Filosóficas, vol. 17, núm. 17, 1971, pp. 36 y 37 [en línea], <http://dianoia.filosoficas.unam.mx/index.php/dianoia/article/view/1075/1034>.

nificado de los conceptos morales, argumentando que dichos fundamentos se encuentran sujetos a nuestros afectos o sentimientos.

La filosofía política de Thomas Hobbes se centra en el emotivismo, construyendo una teoría moral sobre una base científica, aludiendo a conceptos como el placer y las pasiones para explicar la naturaleza de la moralidad:

> [Hobbes] busca en realidad justificar la existencia de un soberano, el Estado, regulador de las relaciones entre los hombres. Su búsqueda lo lleva a la idea de un estado prepolítico o estado de naturaleza en donde los hombres se encuentran en constante pugna. Los hombres están en guerra por que cada uno sigue lo que su naturaleza le dicta, que es la búsqueda de su propia conservación.[95]

Concluyendo que el hombre que Hobbes describe: "[actúa] conforme a las normas llevado por el temor, el egoísmo y el interés. No existe nada distinto a las pasiones humanas que permita explicar la moral".[96]

Un siglo después, David Hume rechaza lo expuesto por Hobbes, en cuanto al egoísmo. Indica que la moral tiene que ver con lo que es obligatorio, esto es, el *deber ser*. A diferencia de Hobbes, Hume indica que existe en los hombres un sentimiento natural que los lleva a actuar con benevolencia según las virtudes naturales.

Uno de los argumentos centrales de crítica al emotivismo es el argumento de que los juicios de valor no pueden ser declarados verdaderos o falsos, ya que los mismos se encuentran sujetos a los sentimientos que nacen de cada individuo, excluyendo la argumentación, por reducir las discusiones a mera retórica –que es posible dar cuenta de un genuino razonamiento moral desde una perspectiva que no reniegue enteramente del emotivismo–.

---

95 Marulanda Hernández, Juan Carlos, "El emotivismo y su influencia en las teorías contemporáneas del desarrollo moral", en *Polisemia*, Bogotá, vol. 8, núm. 13, enero-junio, 2012, p. 79 [en línea], <https://revistas.uniminuto.edu/index.php/POLI/article/download/364/361>.

96 *Idem*.

III.3. Escepticismo y relativismo

Escepticismo

La palabra "escepticismo" se compone de las voces griegas *skeptikós* (el que examina) e *ismo* (actividad o doctrina).[97] La primera raíz anotada, a su vez, se integra por el verbo *spectomai* (yo veo, yo examino, yo considero) y el sufijo *tikos* (que posee la característica indicada por la raíz). La corriente del escepticismo tiene su origen en los antiguos filósofos griegos Pirrón y su discípulo Timón, ambos pertenecientes a los escépticos clásicos que sostenían: "[no se afirma ni se niega] nada más allá de lo que simplemente se presenta y promueve nuestro asentimiento involuntario de manera confiable".[98] Ciertamente, el primer antecedente del escepticismo obra en la escuela del *prirronismo*, de la cual destaca lo siguiente:

> La filosofía de Pirrón no deriva verdaderamente de ninguna filosofía anterior, es una doctrina original. La educación de Pirrón, sus viajes, sobre todo sus relaciones en Asia con los gimnosofistas le habían preparado a no interesarse en nada. El espectáculo de las discordias de los filósofos y los acontecimientos políticos de los que fue testigo acabaron por apartarlo de toda creencia. Entonces pudo coincidir en algunos puntos con sus predecesores. Su doctrina es un primer comienzo: trae una idea nueva, una nueva manera de resolver los problemas filosóficos.

Por otro lado, aparece la nueva academia representada por Arcesilao, Carneádes y Clitómaco, que manifestaban que "había de nuevo que ponerse a buscar la verdad, pues no se estaba seguro de que se hubiera encontrado". Si bien la escuela de Arcesilao se consideró una continuación de la filosofía de Pirrón, ambos fueron contemporáneos. El punto de inflexión entre sus teorías puede apreciarse en la transcripción siguiente:

---

[97] Camacho Medina, José de Jesús, "El escepticismo como parte de la cultura científica", 2019 [en línea] <https://www.acercaciencia.com/amp/2019/03/12/el-escepticismo-como-parte-de-la-cultura-cientifica/>.

[98] Di Gregori, María Cristina, "Reflexiones sobre escepticismo y relativismo", en *Revista de Filosofía y Teoría Política*, núm. 31-32, 1996, p. 1 [en línea], <http://www.memoria.fahce.unlp.edu.ar/art_revistas/pr.2593/pr.2593.pdf>.

> Arcesilao difiere de su célebre contemporáneo. Pirrón y los primeros escépticos como lo prueban los diez primeros tropos que se servían, insistían sobre todo en las contradicciones de los datos sensibles, de las costumbres, de las creencias; procedían como empiristas. Arcesilao y los de la Academia nueva se levantan sobre todo contra la pretensión estoica de encontrar en los datos sensibles la señal infalible de la verdad; proceden como dialécticos. No es ya a las creencias populares a lo que se oponen; es una doctrina sistemática la que desean arruinar. Atacan el conocimiento sensible de tal manera, que se ha podido preguntar si no tenían una intención oculta, si a ese conocimiento imperfecto no querían sustituir una certeza de mayor grado y de otra naturaleza. Además, los pirrónicos se limitaban a decir que la verdad no se ha encontrado todavía; no dicen que sea inaccesible, no desesperan de verla descubrir un día, hasta la buscan, son patéticos. Arcesilao no sólo cree que la verdad no se ha encontrado, sino que no puede encontrarse y la razón que da de esto es la de que no hay representación verdadera que sea tal que no pueda encontrarse de ella una falsa absolutamente semejante. Los pirrónicos se limitaban a comprobar un hecho; la Academia nueva resuelve una cuestión de principio.[99]

En la actualidad, diversas corrientes epistemológicas señalan con una afanada laxitud que un discurso es *escéptico*, empero, muchas veces no lo es, con lo cual, al determinar de forma equívoca su posición escéptica pone en riesgo el debate, circunstancia que facilita al filósofo escéptico la preparación de posibles respuestas a diferentes réplicas antiescépticas. Así:

> En la literatura filosófica encontramos restricciones adicionales al uso de la etiqueta escéptico. Generalmente sólo se aplica el término cuando la posición así catalogada se considera minoritaria, o contraria al sentido común o a las concepciones tradicionales sobre los resultados teóricos procedentes de la ciencia. Por ello, habitualmente un escéptico es un filósofo escéptico, o fruto de la elucubración de un filósofo.[100]

---

99 *Cfr. Idem.*

100 PÉREZ OTERO, Manuel, "Variedades del escepticismo y antiescepticismo", vol. 36, núm. 1, 2016, p. 10 [en línea], <https://www.redalyc.org/journal/3400/340050077001/html/>.

Existen determinadas características que dan lugar a una posición escéptica por parte del filósofo, a saber: por las creencias que crea tener; por las creencias que asevere tener; por las aseveraciones que esté dispuesto a hacer; y por las creencias que tanto él como un potencial contrincante antiescéptico crea que tiene. Por ello, en la medida en que un argumento escéptico conserve su convicción, la refutación de sus conclusiones apoyará a crear proposiciones falaces.

Relativismo

La palabra "relativismo" está formada por el prefijo latino *re* (*reiteración, para atrás*), la raíz *lat* (llevar, ver, relatar y relación), el sufijo latino *ivo* (relación activa o pasiva) y el sufijo griego *ismo*.[101] Desde el punto de vista filosófico, el autor Godfrey Guillaumin, concibe al relativismo de la siguiente forma:

> El significado más frecuente del término "relativismo" hace referencia al sistema o doctrina que sostiene que todos los puntos de vista sobre una misma cuestión son igualmente válidos o correctos (o igualmente inválidos e incorrectos). En la medida que es una tesis general, se puede aplicar a diferentes áreas como la ética, la ciencia, la estética, la política, etc. Cualquier tipo de relativismo presenta dos tesis centrales: la primera sostiene que toda afirmación es relativa a un punto de vista particular o a un esquema general específico; la segunda sostiene que ningún punto de vista es privilegiado sobre los otros. La primera tesis hace referencia a la dependencia de cualquier idea o tesis respecto a un marco o esquema específico; mientras que a la segunda se refiere más bien a la indeterminación de establecer cuál de los puntos de vista rivales sobre un asunto específico tiene preferencia. Cabe señalar que dicha imposibilidad puede ser de varios tipos, *i.e.*, metodológica, lógica, epistemológica, etcétera.[102]

---

[101] Etimologías de Chile, "Relativismo" [en línea], <http://etimologias.dechile.net/?relativismo>.

[102] Guillaumin Juárez, Godfrey, "El relativismo epistemológico visto a través de la teoría del cambio científico de Thomas Kuhn", en *Relaciones. Estudios de Historia y Sociedad*, El Colegio de Michoacán, vol. XXX, núm. 120, di-

Relativismo tiene su génesis en Grecia, durante el siglo V a.C., específicamente en el pensamiento de los sofistas Protágoras, Gorgias, Pródico e Hipias, pensadores que acentuaron el papel crítico de la razón y su capacidad para defender cualquier tesis. Sin embargo, el más relevante fue Protágoras (quien expresó: "el hombre es la medida de todas las cosas"), y fue desarrollado 2000 años después por Descartes con la polémica entre el racionalismo y el empirismo.

Para Álvaro Monterroza durante el siglo XX, la filosofía de las ciencias resurgió con tesis de autores como Thomas Kuhn o Paul Feyerabend, a quienes se tilda de relativistas, pues sostienen que sus teorías son poco útiles "para estudiar los fundamentos, métodos y el desarrollo de la ciencia".[103]

Al respecto, Guillaumin Godfrey opina:

> En su trabajo "Consideraciones en torno a mis críticos", Kuhn responde a una serie de objeciones por parte de John Watkins, Stephen Toulmin, Pearce Williams, Karl Popper, Margaret Masterman, Imre Lakatos y Paul Feyerabend, en torno a algunas de sus ideas expresadas en la Estructura. Tales críticas fueron presentadas en el Cuarto Coloquio Internacional de Filosofía de la Ciencia, celebrado en Londres en julio de 1965. En la parte final de dicho trabajo, Kuhn enfrenta las acusaciones de relativismo y sostiene que aparentemente a los filósofos les preocupa mucho lo mencionado en la Estructura respecto a los procedimientos con que los científicos eligen entre teorías en competencia. Este es el problema arriba mencionado sobre cómo evaluar un mismo ítem a la luz de marcos generales diferentes (los paradigmas) y es el núcleo de la objeción de Shapere. Si uno revisa algunos pasajes de la Estructura, parecería claro que Kuhn sostiene que no había formas racionales de decidir entre paradigmas rivales; por ejemplo, en afirmaciones como: "La transferencia del compromiso de un paradigma a otro es una experiencia de conversión que no se puede forzar" [...]. Aparentemente Kuhn está sosteniendo que ante la elección

---

ciembre, 2009 [en línea], <http://www.scielo.org.mx/scielo.php?script=sci_arttext&pid=S0185-39292009000400005>.

[103] Monterroza Ríos, Álvaro, "Relativismo evolutivo, una alternativa epistemológica", en *Trilogía. Ciencia Tecnología Sociedad*, Colombia, Institución Universitaria ITM, vol. 3, núm. 4, 2011, p. 81 [en línea], <https://revistas.itm.edu.co/index.php/trilogia/article/view/142/145>.

> de dos paradigmas en competencia (que es la cuestión arriba mencionada sobre cómo elegimos entre diferentes marcos generales), la elección es un tipo de conversión en donde no hay razones para elegir uno en lugar de otro. A Shapere le preocupaba este mismo punto cuando sostuvo que "mientras que el libro de Kuhn llama la atención sobre muchos errores que han sido cometidos respecto a las (buenas) razones del cambio científico, [Kuhn] mismo falla en iluminar esas razones, e incluso obscurece la existencia de tales razones" [...] De tal forma que esta crítica se convirtió en una de las expresiones más claras del relativismo de Kuhn y en el punto principal de posteriores críticas. Larry Laudan, por ejemplo, ha argumentado contra "la creencia de Kuhn de que la elección de paradigmas siempre involucra 'saltos de fe' personales y subjetivos" [...].[104]

Otro rasgo de vital importancia del relativismo lo encontramos en el enclavamiento social, que establece que las formas estructurales sociales (religiosas, políticas, culturales, estéticas, etc.) determinan la práctica científica. Ejemplo de ello lo encontramos en la intromisión que tuvo la iglesia en la Europa del Renacimiento o el de los gobiernos y las instituciones de fomento de las ciencias y la tecnología en la práctica científica del siglo XIX.

Tanto el relativismo como el escepticismo son teorías muy semejantes y próximas, pero totalmente distintas. Para el relativismo, como doctrina idealista, el conocimiento humano es subjetivo y convencional, y por tanto incapaz de poner el mundo real de forma objetiva; mientras que el escepticismo es igual una doctrina del conocimiento en la cual se exige que toda información sea avalada por evidencia, de lo contrario se duda de la misma.

Finalmente, podemos concluir que la realidad no es lo que se nos impone, es la interacción entre el mundo externo y nuestra forma de desenvolvernos en él. Lo real es la interacción y, si aceptamos esto, debemos admitir que no hay una sola forma de interactuar, por tanto, no existe sólo una realidad posible. En consecuencia, nos encontramos en un relativismo que antes que ser negativo,

---

[104] GUILLAUMIN JUÁREZ, Godfrey, "El relativismo epistemológico visto a través de la teoría del cambio científico de Thomas Kuhn", *op. cit.*

amplía las posibilidades de interacción con el mundo, por lo que se amplía la gama de conocimientos que puede aportar del mismo.

III.4. Ética y iuspositivismo

Hablar de ética y positivismo jurídico pareciera ser algo imposible o contradictorio, salvo que nos refiriéramos a ambos términos de forma separada y marcando sus diferencias; no obstante, en la actualidad las debilidades del positivismo jurídico formal han hecho notoria la importante necesidad de juntar ambas disciplinas y analizar sus resultados. Como sucede con la mayoría de las disciplinas filosóficas, acuñar un significado único y universal de ética es imposible.

En este sentido de ética moderna, podemos entender que para actuar con ética hay que conducirse con base en valores generalmente aceptados en la sociedad mediante la reflexión interna. Para aplicar este concepto al derecho, es decir, para que el derecho sea ético, debe fundarse en valores o principios con la aceptación precisada. De esta manera, el derecho debe originarse bajo un proceso de autorreflexión sobre lo que se conciba como *bueno, justo y debido*, con fundamento en aquellos valores o principios.

A este tema se añade una dificultad cuando el concepto de ética intenta ser aplicado al derecho concebido bajo el positivismo. ¿Cómo podría lograrse que el derecho, concebido bajo la teoría iuspositivista, sea ético? A simple vista parecen ser incompatibles ambas disciplinas, sin embargo, encontramos en autores como Hart, una posible solución o puerta de escape que nos permite tantear una respuesta a esta pregunta.

En su libro *El concepto del derecho*, examina diversos elementos de lo que llama *regla de reconocimiento*:

> En la mayor parte de los casos, la regla de reconocimiento no es expresa, sino que su existencia se muestra en la manera en que las reglas particulares son identificadas, ya por los tribunales u otros funcionarios, ya por los súbditos o sus consejeros. [...] No puede presentarse una cuestión de ese tipo respecto de la validez de la propia regla de reconocimiento que proporciona los criterios; ella no puede ser válida ni inválida, simplemente

> se le acepta como adecuada para ser usada de esta manera. Expresar este hecho simple diciendo en forma oscura que su validez "se da por admitida pero no puede ser demostrada", es como decir que damos por admitido, pero no podemos demostrar, que el metro de París, que es el criterio último de corrección de todas las medidas en el sistema métrico, es en sí correcto. Una objeción más seria es que al expresar que "se da por admitida" la validez de la regla de reconocimiento última, se oculta el carácter esencialmente fáctico de la segunda presuposición que está detrás de los enunciados de validez hechos por los juristas. [...] la regla de reconocimiento sólo existe como una práctica compleja, pero normalmente concordante, de los tribunales, funcionarios y particulares, al identificar el derecho por referencia a ciertos criterios. Su existencia es una cuestión de hecho. [...] En lugar de ello, es menester recordar que la regla de reconocimiento última puede ser considerada desde dos puntos de vista; uno de ellos expresa la existencia de la regla en la práctica efectiva del sistema; el otro, se expresa en los enunciados internos de validez formulados por quienes la usan para identificar el derecho.[105]

Esta regla de reconocimiento es el fundamento de un sistema jurídico bajo la perspectiva de Hart. Aunque el autor no señala de forma expresa que a través de dicha regla se logre la configuración de un derecho ético, consideramos que es posible. Una pieza importante en la construcción de una respuesta confiable tiene que ver con la validez del derecho, ya que, para concebir su aspecto ético, debe aceptarse la existencia de un orden jurídico con valores y principios generales, que le permitan determinar lo que es *bueno, justo y debido* y, por consecuencia *admitido*, como forma de estructurar el sistema jurídico.

Si la regla de reconocimiento es una cuestión de hecho, es decir, que no se da por admitida sino que existe a través de la práctica en que cada operador jurídico encuentra la validez de una norma, tomando como referente criterios preestablecidos o la práctica social, esto es, lo que la mayoría ha adoptado, es inconcuso que en cada operador jurídico existe una reflexión a partir de un criterio

---

[105] Hart, H.L.A, *El concepto del derecho*, *op. cit.*, pp. 124-130.

interno, al analizar la práctica social y luego determinar la validez de una norma y su consecuente aplicación.

Este ejercicio es muy parecido a lo que se señaló que habría de hacerse para considerar que una persona actúa con ética: mediante un proceso reflexivo, conducirse conforme a valores generalmente aceptados en la sociedad.

En efecto, la regla de reconocimiento de Hart parece acercarnos a una respuesta en sentido positivo respecto de la relación ética y derecho. Debe reflexionarse si esta regla permite en todo momento actuar bajo una perspectiva ética. ¿Qué pasaría si alguna vez, al momento en que se quiera determinar la validez de una norma, dentro del conjunto de prácticas sociales no existiesen valores o principios que ayuden a definir lo que es bueno, justo o debido? ¿Cabría decir, que aun así existe un derecho considerado ético? ¿Es cierto que la regla de reconocimiento sólo puede identificar como válidos valores previamente aplicados, pero no puede identificar como válido un valor nuevo?

Al respecto, toma importancia el aspecto interno de la regla de reconocimiento que también es parte fundamental en la determinación de la validez de una norma, en el que toca al operador jurídico determinar la norma válida, pero ya no con fundamento en una estricta aplicación de la práctica efectiva externa, sino con base en una reflexión interna propia. Así podría evadirse el estanco del derecho, aceptando el nuevo principio y valor que deban incorporarse al sistema para determinar la validez de la norma; de este modo, existe armonía entre ética y derecho positivo. Justamente es este aspecto el que haría de la regla de reconocimiento, en nuestra opinión, el fundamento de un sistema jurídico que busca ser bueno, justo y debido, en principio, a la luz del criterio del operador y exponencialmente de aquél.

Claro está que tendría que aceptarse que el nuevo criterio forma parte del ordenamiento jurídico, aunque a la vista de muchos aún no sea clara la supuesta validez, pues si fuese evidente dicha validez, se hablaría de que existe en la práctica efectiva del sistema, el valor o principio que concede validez a una determinada regla, y entonces estaríamos atendiendo a dicha práctica.

En parte, quizá por esta razón es que Hart acepta un concepto amplio de derecho que admite considerar que aun las reglas moralmente inicuas son derecho, porque con la regla de reconocimiento se permite también reconocer un valor nuevo que aún no ha sido socialmente aceptado, lo cual no tiene que entenderse en el sentido de que se convalida la existencia de normas inmorales que vayan en contra de un valor determinado. Sin embargo, lamentablemente es un riesgo latente, cuya posibilidad nadie puede negar en cualquier tipo de sistema jurídico, pues objetivar los valores es una labor quizá imposible de realizar.

En palabras de Hart:

> En forma consistente con este propósito, en el último capítulo examinamos la pretensión, formulada en los casos alemanes, de que debe negarse el título de derecho válido a ciertas reglas en razón de su iniquidad moral, aun cuando pertenezcan a un sistema existente de reglas primarias y secundarias. Terminamos por rechazar esa pretensión, pero lo hicimos no porque ella estuviera en conflicto con el punto de vista de que las reglas que pertenecen a un sistema tal tienen que ser llamadas "derecho", ni porque estuviera en contra del uso preponderante. En lugar de ello, criticamos el intento de restringir la clase de las normas jurídicas válidas eliminando de ella las reglas moralmente inicuas, en base a que tal proceder no promueve ni clarifica las investigaciones teoréticas ni la deliberación moral. Para estos fines, el concepto más amplio, que es consistente con el uso, y que permite considerar que aun las reglas moralmente inicuas son derecho, resultó ser más adecuado.[106]

Considerar lo contrario negaría que las reglas surgen de fuentes sociales, lo cual de hecho se sostiene, nos llevaría a una postura que confirma que las reglas de un sistema jurídico deben predecir y resolver todas las circunstancias posibles, así como que nunca puede modificarse, interpretarse o incluso suprimirse un valor que ha sido introducido a la práctica efectiva del sistema.

El derecho, para considerarse ético, debe ser dinámico, así no se aleja de la realidad. Por lo tanto, se deben convalidar los cambios

---

[106] *Ibidem*, pp. 142-150.

para lograr la convicción respecto de la validez de un determinado valor que se considera nuevo, de esta forma se da voz no sólo a las mayorías que logran la práctica efectiva del sistema, sino a las minorías. Entre los deletéreos efectos de la omnipotencia de la mayoría están la inestabilidad del legislativo, el ejercicio frecuentemente arbitrario de los funcionarios, el conformismo de las opiniones, la disminución de hombres confiables en la escena política. Bobbio, es muy consciente de los efectos negativos de un estado democrático regido por el sistema de mayoría, de ahí que consideró que la regla de reconocimiento debe adecuarse para no entorpecer su funcionamiento y para que procure un derecho ético.[107]

Dicho lo anterior, debemos reflexionar sobre en quién recae la aplicación de la regla de reconocimiento, como indica Hart. Ésta se advierte cuando las reglas particulares son identificadas, ya por los tribunales u otros funcionarios, ya por los súbditos o sus consejeros, sin embargo, es en la figura del juez en quien recae un status especial revestido de autoridad.

> Hay, por supuesto, una diferencia entre el uso que los tribunales hacen de los criterios suministrados por la regla, y el uso que otros hacen de dichos criterios: porque cuando los tribunales llegan a una conclusión particular sobre la base de que una regla particular ha sido correctamente identificada como derecho, lo que ellos dicen tiene un status especial revestido de autoridad en mérito a lo establecido por otras reglas [...] El uso, por los jueces y por otros, de reglas de reconocimiento no expresadas, para identificar reglas particulares del sistema, es característico del punto de vista interno.[108]

Si en los juzgadores recae un mayor compromiso al momento de identificar una regla como parte del derecho, esto es, poner en marcha la regla de reconocimiento y a su vez son ellos quienes mayormente usan el punto de vista interno, será clave que el juez se conduzca en sus determinaciones con ética. Aquí nos topamos con

---

[107] García Carrasco, Félix David, "La democracia en el siglo XXI", en Hechos y Derechos, UNAM, Instituto de Investigaciones Jurídicas, núm. 48, noviembre-diciembre, 2018 [en línea], <https://revistas.juridicas.unam.mx/index.php/hechos-y-derechos/article/view/12997/14542>.

[108] Hart, H.L.A, *El concepto del derecho*, *op. cit.*, p. 157.

un segundo inconveniente, ya que aun y cuando el derecho incluya una regla de reconocimiento por medio de la cual se puede consolidar un derecho ético, no es suficiente si el operador jurídico que juega el papel más importante carece de la característica de ser ético en el desempeño de las facultades que el propio derecho le otorga.

Para que el juez actúe éticamente, es necesario que renuncie a sus prejuicios personales. Julio de Zan aborda esta cuestión destacando que los obstáculos internos de los juzgadores son en realidad los más difíciles de vencer:

> La independencia judicial es concebida casi siempre de manera meramente negativa y parcial, como la remoción de *obstáculos externos*. Pero es preciso tener en cuenta, en primer lugar, que los obstáculos más difíciles de vencer para alcanzar la buscada imparcialidad son los *obstáculos internos*, de los propios prejuicios. Es un engaño pensar que la remoción de las presiones y condicionamientos externos, o la protección contra ellos, es la *condición suficiente* para la independencia de juicio, como si esta fuera una propiedad natural y espontánea del sujeto.[109]

Adoptando la postura del citado autor, es inconcuso que si se quiere superar el obstáculo más difícil que son los prejuicios del juez, debe existir no únicamente una independencia judicial legalmente otorgada, sino que debe ser adoptada por el juez de forma reflexiva, pues sólo de esta forma se despoja de su conciencia de hombre individual y se convierte en funcionario. Empero, la ética judicial es algo que no puede garantizarse por el derecho, lo que trae aparejado el problema de lograr un derecho efectivamente ético y no sólo teórico.

En este sentido, debe admitirse que el derecho tiene que configurarse y guiarse bajo una perspectiva ética, por tanto, debe admitir la costumbre y la moral que son los cimientos de la ética, lo que deja en manos de las decisiones judiciales emitidas por los juzgadores un gran compromiso. Lo anterior implica tener en cuenta otra cuestión importante, la de resolver cómo los jueces, en

---

[109] De Zan, Julio, "Ética, teorías del derecho y función judicial", en *La ética, los derechos y la justicia*, Uruguay, Konrad/Adenauer/Stiftung 2004, p. 109 [en línea], <https://archivos.juridicas.unam.mx/www/bjv/libros/5/2228/7.pdf>.

un momento dado, podrán justificar la razonabilidad de sus decisiones en los casos en que claramente están aplicando un criterio legalmente débil pero que permite la inclusión de un nuevo valor.

A este respecto, José Juan Moreso delinea una idea en la que se muestra cómo las resoluciones pueden ser consideradas como válidas; la solución consiste en que el propio marco legal autorice a los jueces a aplicar valores:

> La conexión del derecho con la moralidad no es ni necesaria, ni imposible, sino que es contingente, tal como sostiene el denominado positivismo jurídico incluyente. Y aunque esta cuestión suele vincularse con la de la posibilidad de que la propia regla de reconocimiento incluya razones morales entre los criterios de validez jurídica –como es claro en Hart–, basta que se tome por ahora para nuestra discusión una tesis como la tesis de la incorporación: "las fuentes usuales del derecho –como las leyes y las disposiciones constitucionales– pueden incluir conceptos y consideraciones morales" [...] Según dicha concepción, entonces, cuando las normas jurídicas incorporan conceptos o consideraciones morales, el derecho ha de identificarse mediante el uso de dichos conceptos y consideraciones. Y, por lo tanto, los jueces han de aplicar el derecho identificado mediante el recurso a la moralidad en los casos pertinentes. Así ocurre, según creo, en el caso de que los jueces hayan de decidir si determinadas decisiones públicas vulneran o no la libertad religiosa: en dichos supuestos el razonamiento de los jueces deviene un razonamiento genuinamente moral. Sin embargo, antes de analizar las objeciones que pueden plantearse a esta cuestión, vale la pena ocuparse de si la diferencia entre los positivistas excluyentes y los positivistas incluyentes es sólo una mera cuestión de palabras [...] En la teoría del derecho positivista, se distingue algunas veces entre dos sentidos de validez: validez como pertenencia y validez como aplicabilidad. Una norma es válida, en el sentido de que pertenece a un sistema jurídico S, si y sólo si es identificada como miembro de S por los criterios de la regla de reconocimiento de S. Una norma es válida, en el sentido de que es aplicable a un caso, si y sólo si existe otra norma, que es un miembro de S, que autoriza u obliga a los órganos de aplicación de S a aplicarla a ese caso.[110]

---

[110] MORESO, José Juan, *Ethica more iuridico incorporata*, México, Fontamara, 2013 (Colección Cátedra Ernesto Garzón Valdés), pp. 171 y 172.

Si la propia regla perteneciente a un sistema es la que autoriza la inclusión por parte del juez, de valores novedosos para ciertos casos y bajo ciertas condiciones, se facilitaría un poco más justificar resoluciones impregnadas notoriamente con cuestiones éticas y morales. Esta postura se considera posible, ya que de esta forma se solidifica la esencia de la regla de reconocimiento, un poco a la manera en que Óscar Correas señala:

> Cada discurso de reconocimiento de un discurso prescriptivo como derecho, tiene el sentido de otorgar el nombre a un referente. En este discurso de reconocimiento, lo que su productor realiza es una operación discursiva, en virtud de la cual, da por cierto que su superior ha sido designado por alguien que estaba autorizado para hacerlo. Pero reconocer esto, es reconocer que el hecho producido por ese superior –también un discurso–, es el previsto en un discurso aún anterior, y que fue producido por otro funcionario aún superior.[111]

Es decir, cuando por virtud de una norma se autoriza al legislador aplicar un valor novedoso en ciertos asuntos, el juzgador, al resolver con fundamento en la ética y la moral, efectuará su justificación con base en una norma que fue dada por un superior y el sujeto en quien recaiga dicha resolución, dará por cierto y reconocerá dicho criterio como si siempre hubiera formado parte del sistema, aunque no exista una regla general y abstracta que sirva de fundamento sustantivo, sólo existirá la norma adjetiva que autoriza al juez a aplicar en ciertos casos la moral y, por consiguiente, la ética.

III.5. Teorías éticas bajo una visión jurídica

La ética ha sido una materia que ha preocupado a grandes filósofos a lo largo de la historia y que también ha sido objeto de múltiples disertaciones. El presente apartado no se remonta hasta las teorías de los griegos, los romanos ni al Renacimiento, sólo se revisarán las teorías de la ética contemporánea como son: el neocontractua-

---

[111] Correas, Óscar, *Crítica de la ideología jurídica*, 3a. ed., México, Ediciones Coyoacán, 2010, p. 102.

lismo, la ética comunitaria o neoaristotélica, la ética discursiva y la ética utilitarista. No obstante, una revisión a mayor profundidad podrá arrojar los elementos presentes en las teorías éticas de la antigüedad, la Edad Media y el Renacimiento, ya que éstas en mayor o menor medida están presentes en las teorías contemporáneas.

Ligado a la revisión se presentará uno de los múltiples usos que se le puede dar a la teoría ética en el campo jurídico, propiamente en la creación de códigos encaminados, en su mayoría, a los juzgadores y a algunos servidores públicos, procurando determinar las pautas de conducta que estos tendrán con respecto a su encargo. Para comenzar con esta disertación, es pertinente establecer la distinción entre *ética* y *moral*. En un primer sentido, "se comprende a lo moral como una dimensión que pertenece al mundo vital compuesta de valoraciones, actitudes, normas y costumbres que orientan y regulan el obrar humano".[112] Esta definición deja claro que lo moral se refiere netamente a la conducta de una forma amplia en la vida de los individuos y, por lo tanto, puede ser el objeto de estudio de alguna ciencia o disciplina.

En segundo lugar, se entiende la ética "como la ciencia o disciplina filosófica que lleva a cabo el análisis de lenguaje –moral– y que elabora diferentes teorías y maneras de justificar o fundamentar y revisar críticamente las pretensiones de validez de los enunciados morales".[113] Como podemos ver, se establece el término *ética* para poder englobar a todos aquellos estudios relacionados con el contenido de la moral, siendo esta la forma en la cual se realiza el estudio sistemático de todo aquello que dentro de una sociedad llega a tener los calificativos valorativos de bueno o malo. Por lo cual podemos encontrar que la palabra "ética" será la encargada de estudiar a la moral.

Siguiendo esa línea, una teoría ética sería aquella que trata de dar una explicación o una descripción al respecto del fenómeno moral en la vida de las personas. Estableciendo algunas distinciones conceptuales, busca la fundamentación filosófica y postula la

---

[112] De Zan, "Conceptos de 'ética' y moral", en *Ética, los derechos y la justicia*, *op. cit.*, p.1 [en línea], <https://archivos.juridicas.unam.mx/www/bjv/libros/5/2228/4.pdf>.

[113] *Idem*.

finalidad práctica de una determinada moral, quedando de esta forma en el campo de la filosofía al referirse al estudio de las costumbres. De esta manera, cada teoría postula una determinada forma de presentarse, actuar y evaluar a la moral. Tomando esto en consideración, por anexión parte del contenido en el derecho, como nos menciona Hart, está dentro del conjunto moral y tiene influencia de éste.

Los términos que los juristas usan con más frecuencia para ensalzar o censurar el derecho o su administración, son las palabras "justo" e "injusto", y muy a menudo los autores razonan como si las ideas de justicia y moral fueran coextensivas. Hay por cierto muy buenas razones para que la justicia ocupe un lugar de máxima prominencia en la crítica de las estructuras jurídicas, sin embargo, es importante advertir que sólo se trata de un segmento de la moral, y que las normas jurídicas y su administración pueden tener o no tener excelencias de tipos diferentes.

Con lo anterior se quiere dar a entender, que las diversas teorías propician una interpretación particular de determinados valores, los cuales tienen repercusión en otras áreas, en este caso nos referimos al valor denominado *justicia*, el cual suele ser considerado el eje central del derecho, razón por la que es importante conocer las principales teorías éticas y tratar de dilucidar cómo han influenciado un determinado concepto de justicia que el derecho puede retomar:

La justicia constituye un segmento de la moral que no se refiere primariamente a la conducta individual, sino a las formas cómo son tratados ciertas clases de individuos. Es esto lo que da a la justicia su especial relevancia para la crítica del derecho y de otras instituciones públicas o sociales, es la más pública y la más jurídica de las virtudes, pero los principios de justicia no agotan la idea de moral y no toda crítica del derecho hecha sobre fundamentos morales es formulada en nombre de la *justicia*. Las normas jurídicas pueden ser condenadas como moralmente malas simplemente porque exigen de los hombres acciones particulares que la moral prohíbe, o porque les exige abstenerse de acciones que son moralmente obligatorias.[114]

---

[114] Hart, H.L.A, "El concepto del derecho", en J. Alberto Montero, *Derecho y moral*, México, UNAM, Facultad de Derecho, 2011, p. 61.

Como se desprende del párrafo anterior, la concepción de justicia permite la crítica, reflexión y replanteamiento de normas, instituciones, prácticas vinculadas al derecho, pero a su vez vislumbra que no toda crítica está cimentada en este valor, sino en otros que son también considerados como relevantes para la moral.

Pasamos ahora a revisar las diversas teorías éticas contemporáneas, que plantean una explicación para el fenómeno moral. Comenzaremos con la ética neocontractualista. En ésta, los individuos participan en un determinado sistema, el cual contiene ya un cúmulo de acciones que se realizan de manera cotidiana y organizaciones fundamentales establecidas, sustentadas en el reconocimiento por medio de la reciprocidad en el otro, de un sujeto de derecho soberano, partiendo de la dignidad, siendo de esta forma el reconocimiento de una humanidad valiosa anterior a la capacidad de acción en el sistema.

Este reconocimiento del otro implica la atribución de intencionalidad personal y privada, pero a su vez, también la adjudicación de intereses y sentires similares al resto. De esta forma, el sentimiento de justicia motiva a los miembros de una sociedad a no ceder a sus intereses personales y buscar la vía de la cooperación para la consecución de metas en común con otros miembros. Esto no implica que no existan conflictos y estos deban ser superados por medio de acuerdos generados entre las partes del sistema.

Como podemos ver, la justicia es considerada como equidad, ya que hace que todos aquellos que participan del contrato se encuentren en una situación de paridad en cuanto a derechos y obligaciones, por lo cual como lo menciona Rawls:

> No obstante, podemos decir que a pesar del desacuerdo cada uno tiene una concepción de la justicia. Esto es, entienden la necesidad de disponer de un conjunto característico de principios que asignen derechos y deberes básicos y de determinar lo que consideran la distribución correcta de las cargas y beneficios de la cooperación social, y están dispuestos a afirmar tales principios. [...] Cada persona posee una inviolabilidad fundada en la justicia que incluso el bienestar de la sociedad como un todo no pueda atropellar [...] los derechos asegurados por la justicia no están sujetos a regateos políticos ni al cálculo de intereses sociales.[115]

---

[115] Rawls, John, *Teoría de la justicia*, México, Fondo de Cultura Económica, 2006, p. 47.

Como vemos, el individuo cobra una especial relevancia para la constitución de una sociedad, la cual debe dar preferencia a los derechos de los individuos, siguiendo con el pensamiento de Rawls, una sociedad justa es aquella regida por dos principios:

> Primero: Cada persona ha de tener un derecho igual al esquema más extenso de libertades básicas iguales que sea compatible con un esquema semejante de libertad para los demás.
>
> Segundo: Las desigualdades económicas y sociales han de satisfacer dos condiciones: a) deben estar asociadas a cargos y posiciones abiertos a todos en condiciones de una equitativa igualdad de oportunidades; b) deben procurar el máximo beneficio de los miembros menos aventajados de la sociedad.[116]

De esta forma la justicia se materializa cuando las personas dentro de un sistema determinado se encuentran en una situación de equidad respecto de lo que pueden hacer y lo que deben hacer, estableciendo así una organización que les permita ejercer la mayor libertad posible y fomentando el crecimiento personal en la mayor parte de las áreas de la vida posibles, impulsando a aquellos que se encuentren en una situación de carencia en la sociedad.

Por lo que, de forma sucinta, la concepción contractualista que toma a la justicia como un principio de equidad entre individuos e instituciones que se encargan de la distribución y conservación de deberes y obligaciones, puede ser considerada como el fundamento para las democracias actuales, compuestas de individuos como entes políticos que cooperan en la vida pública, pues en esta se desarrollan.

La siguiente perspectiva ética que revisaremos es la neoaristotélica o comunitaria. Esta teoría procura rescatar las partes más importantes de la ética fijada por Aristóteles y actualizarla conforme al mundo actual. Realiza un conjunto de críticas a las teorías éticas de corte argumentativo, analítico, cognoscitivista y racionalista, pues se les tacha de ser incapaces de considerar todo el espectro de la vida moral.

---

116 *Ibidem*, p. 189.

A los neoaristotélicos les parece fundamental tener presente el contexto de la persona en una sociedad circunscrita a valores y criterios morales anclados a una condición material, histórica y cultural. Asimismo, aparejado el juicio práctico, por lo cual está circunscrito este carácter valorativo al individuo desde un punto de vista subjetivo, esto es, de quien participa en comunidad, dejando de lado el carácter externo de la observación de la moral por uno interno.

La diversidad en la práctica y las situaciones que se generan durante la interacción crea a su vez diversos órdenes de aplicación de criterios para determinar que es justo; a su vez, esta creación de órdenes de aplicación o esferas trae consigo el problema de tratar de aplicar una moral determinada a contextos diferentes. Una posible solución a esto es incluir a la tradición, pues ésta genera patrones en común para una sociedad, por lo cual se encontrará en mejor posibilidad de resolver conflictos al poseer una identidad histórica definida o en su caso rastreable y a su vez claramente identificable de los valores morales de otra sociedad.

De lo anterior podemos inferir que la justicia es un continuo dado por una serie de características de corte histórico cimentado en valores morales propios de una comunidad que le dan identidad y sentido concretados en hábitos y actitudes válidas.

Esto pareciera conducirnos a que la ética está estancada en el tiempo y que valores modernos como la autonomía del individuo, la solidaridad, la justicia, la tolerancia y en general aquellos que están enfocados en el reconocimiento de las diferencias y la diversidad están vetados, pero no es así, en razón de que el mismo proceso de reconocimiento histórico, ese seguimiento de la huella en la tradición, ya implica parte de estas nociones al momento de reflexionar sobre sí misma y su constitución, primando la tolerancia y la dignidad de las personas.

Al retomar la felicidad como búsqueda de las prácticas éticas, se establece la idea de virtud, prácticas que buscan conseguir determinados bienes valiosos conforme al desarrollo histórico de la sociedad, porque existe una ruta trazada para conseguir dicho estado. Finalmente, la ética comunitaria presenta las siguientes características:

a) Debilitamiento de la universalidad de la pretensión racional de verdad, que era la razón de ser de las éticas emancipatorias modernas;
b) Retorno a la particularidad antiuniversalista, lo que supone una recaída de la ética en el *ethos*, en las formas de moralidad concreta, y con ello se negaría cualquier noción ética más allá del horizonte de una sociedad dada en un momento histórico [determinado].
c) Reducción de la ética política a una moralidad de las instituciones, y al mismo tiempo, reducción de la moral individual al ámbito de lo privado;
d) Problematización de la fundamentación última y universal para la ética y crítica de las visiones utópicas;
e) Rechazo de la diferenciación de un momento teórico que pudiera servir de contrapunto crítico de las morales existentes, es decir, que no se considera posible llevar adelante una crítica de las motivaciones de lograr a la luz de principios universales;
f) Acentuación de la primacía de la tradición sobre la argumentación racional en la definición de la noción de bien.[117]

Como podemos ver, en esta ética prima la sociedad sobre el individuo a los procesos históricos de constitución de una sociedad como fuente de las prácticas morales adecuadas frente al intercambio con otros modelos éticos. Así, parece que lo estático está sobre lo dinámico y lo diverso está vetado del sistema al poder generar disrupciones con las virtudes establecidas para alcanzar la felicidad. Se debe tener presente que, en caso de existir una sociedad con posibilidad de sojuzgar a otras, se darán casos de imposición de criterios morales, los cuales eliminarían del mapa los temas de complejidad presentes en las sociedades modernas que viven interconectadas en diversos niveles y escalas (comerciales, culturales, geopolíticos, etc.), por lo cual la justicia estaría inexorablemente

[117] Brain Calderón, María Luisa, "Ética y derechos humanos", en *Visión social de los derechos humanos. Una perspectiva multidisciplinar*, Leticia Cano y Joaquín Narro, coords., México, CNDH/UNAM, Escuela Nacional de Trabajo Social, 2017, p. 70 [en línea], <https://archivos.juridicas.unam.mx/www/bjv/libros/11/5171/6.pdf>.

vinculada a un tiempo y espacio determinado, no pretendería estatus alguno de universalidad.

La ética comunicativa o discursiva tiene su punto de partida en el uso comunicativo del lenguaje y una aplicación de la noción de racionalidad, mediante la diferenciación entre dos formas de racionalidad: la instrumental y la comunicativa. Entendiendo la racionalidad como aquella capacidad de los humanos para fundamentar o argumentar su actuar y reflexionar y criticarlo, no limitándose a la calificación de emisiones (proposiciones) que puedan ser verdaderas o falsas, eficaces o ineficaces. Esta racionalidad expresa es instrumental en tanto favorece y permite la implementación de un procedimiento a seguir, con determinadas características que lo validan ante los otros, lo que genera una interacción al ser comunicativa; en tanto la finalidad del lenguaje es el establecimiento de relaciones entre las personas dentro de una comunidad lingüística en la cual se comparten determinados signos, símbolos y significados, los cuales para su constatación requieren de una práctica, esto es, la pragmática. La forma correcta establece la teoría que se da de la siguiente manera:

> Únicamente podrá satisfacer aquellos intereses que resulten universalizables porque el universal cumplimiento de una norma no puede exigir sea moralmente si no satisface los intereses de todos y cada uno [...] Empleo de reglas lingüísticas los muestra, mediante reflexión trascendental que el medio en que nuestro *logos* vive es dialógico y, por tanto, que somos siempre ya en una comunidad de habla [...] Reconoce nuestra ética en la dimensión pragmática del lenguaje. Para el establecimiento de estas interacciones se establecen un conjunto de normas: La norma correcta sólo podrá satisfacer aquellos intereses que resulten universalizables, porque el universal cumplimiento de una norma no puede exigirse moralmente si no satisface los intereses de todos y cada uno. La situación ideal del habla es el presupuesto contrafáctico o idea reguladora en el sentido kantiano (deber y obligación) por la que es racional orientar la acción porque arraiga en la razón práctica, es un presupuesto pragmático.[118]

---

[118] Cortina Orts, Adela, "Ética comunicativa", en *Concepciones de la ética*, ed. de Victoria Camps, Osvaldo Guariglia y Fernando Salmerón, Madrid, Editorial Trotta, 2004 (Enciclopedia Iberoamericana de Filosofía, 2).

Esto presupone a los sujetos como capaces de participar en la comunidad, a través de las herramientas lingüísticas proporcionadas, las cuales a su vez lo facultan para poder generar discursos que impacten en los otros. Las reglas del discurso práctico propuestas son:

a) Cualquier sujeto capaz de lenguaje y acción puede participar en los discursos.

b) Cualquiera puede problematizar cualquier afirmación.

c) Cualquiera puede introducir en el discurso cualquier afirmación.

d) Cualquiera puede expresar sus posiciones, deseos y necesidades.

e) No puede impedirse a ningún hablante hacer valer sus derechos establecidos en reglas anteriores, mediante acción interna o externa al discurso.[119]

El establecimiento del discurso como punto de partida permite crear relaciones dialógicas entre las personas para poder acordar y generar consensos respecto a la forma en la cual se pretende regular; y ,en caso de discrepancia, el mismo diálogo brinda las herramientas para llegar a modificaciones y nuevas reglas sin menoscabo de las consideraciones previamente acordadas, poniendo en práctica la racionalidad comunicativa. De esta forma, permite a su vez aclarar normas, instituciones o valores que entren en conflicto fomentando así una vida participativa de los habitantes.

Por último, se revisará lo concerniente a la teoría ética utilitarista: el punto decisivo para valorar las acciones está en sus resultados, o en sus consecuencias, en el bien o el mal que producen objetos, más que en la bondad del carácter, o en la moralidad de las máximas que orientan a la voluntad, en la rectitud de la intención o en otras condiciones intrínsecas de la acción, la cual suele servir de guía especialmente para la toma de decisiones de legisladores,

---

119 Rojas Armandi, Víctor, "La teoría del discurso de Habermas", en *La ética discursiva en las teorías de derecho de Habermas y Alexy*, México, UNAM, Instituto de Investigaciones Jurídicas, 2012 [en línea], <https://archivos.juridicas.unam.mx/www/bjv/libros/7/3088/4.pdf>.

jueces y otros funcionarios, por lo cual toma especial relevancia la toma de decisiones en relaciones costo-beneficio.

Esta situación parece contraponer los derechos individuales frente a los grupales, así como los principios de justicia pues están vinculados a la felicidad y utilidad de las mayorías a la par de los personales, buscando su promoción y mayor alcance. Las argumentaciones éticas que se han dado a lo largo de la historia se han hecho al tenor de dos grandes principios utilitaristas que constituyen las dos caras del principio de mayor felicidad:

a) La felicidad es el valor más importante a nivel individual (en esta u otra vida).

b) La utilidad general o bien común o bienestar colectivo es la meta deseable en el quehacer de los gobiernos y los políticos.

Teniendo presentes ambos argumentos, se puede inferir que la función del gobierno y, por ende, de todas sus estructuras, es la de compaginar la felicidad y la utilidad, por lo cual el juzgador debe estar en posibilidades de ponderar cada situación que se ponga a su consideración, tomando ambos como el fin último de su acción. Aunque cabe hacer la anotación del límite, ya que esta postura nos sugiere que en caso de que una norma cause más daño que beneficio debe ser desobedecida y por tanto el juez no debería aplicarla; no obstante, hay límites a esto: que existan por motivos de la felicidad general ciertas normas que no puedan ser violadas y que garanticen la vida, la libertad y la dignidad.

Es así que puede apreciarse una subordinación de los intereses privados sobre los intereses públicos siempre y cuando estos busquen una felicidad o utilidad mayor en comparación con el interés personal, por lo cual la felicidad moral se contrapone a la conformidad con lo establecido por el sistema en esa búsqueda de maximizar las consecuencias benéficas. Por lo anterior, desde la postura individual toda ley que limita las libertades humanas es indeseable, afirmación que resulta de la defensa de la libertad sobre concepciones metafísicas, pues en una libertad de este estilo son tomadas en consideración condiciones objetivas que permiten tasar la bondad o maldad de un acto en relación con sus consecuencias, las cuales pueden ser identificables y analizables en el mundo material, permitiendo la objetivación de determinados derechos, lo cual facilita la aplicación de la norma, aunque se tendría que evaluar si se ha realizado de forma correcta.

Después de revisar estas teorías, se puede inferir que cada una aborda de forma distinta su relación con el derecho y la justicia, pues establecen diversos puntos de partida con respecto a la asignación de obligaciones y derechos, de la forma en la cual se deben resolver la diversidad de conflictos presentes en la sociedad, así como los fundamentos básicos para una práctica ética, acorde a la concepción moral imperante. También se puede ver que el sujeto queda colocado en diversos niveles al momento de tratar de resolver un conflicto: en unos el Estado debe tratarlo como el punto toral de sus decisiones, sopesando principios y valores; en otros, el individuo pasa a un segundo término, dependiendo de la felicidad o utilidad que resulte de dirimir el conflicto; en otra más, el juzgador no puede sustraerse de forma objetiva de la toma de decisiones, debe apelar a elementos contextuales e históricos para poder tomar una decisión acorde al devenir de su sociedad mientras que otros son colocados en una situación dialógica donde el discurso de justificación y argumentación cobran especial interés para el entendimiento mutuo.

Las teorías éticas antes mencionadas de entre las múltiples aplicaciones que pueden tener está la de encauzar el actuar de los juzgadores, en quien se deposita la responsabilidad de resolución de controversias, dejando de lado a otros operadores jurídicos como lo serían los abogados postulantes. Podemos ver que la ética impacta sobre los jueces la función judicial considerada como una de las relaciones más antiguas de las sociedades humanas, en la cual la figura del juez estará vacía si en ella no se encarna el principio de justicia, pues carecería de un baremo o un criterio de aplicación y reflexión.

Para ello, a nivel internacional se han establecido diversos instrumentos que permiten guiar el actuar de los jueces, independientemente del sistema jurídico que practiquen (*common law* o sistema jurídico europeo continental) creando un primer antecedente en los principios básicos relativos a la independencia de la judicatura, en la cual se sientan las bases para una ética compartida a nivel internacional.

Estos primeros esbozos de crear una ética para regir la conducta judicial los tenemos en los principios de Bangalore, en estos se retoman las bases sentadas en el documento antes referido, se amplía el número de países suscritos y se refinan las directrices consideradas, pues no sólo se incluyen miembros de la tradición del *common law*, sino también países con tradiciones mixtas.

Finalmente, muestra de ello en México es el Código de Ética creado por la Suprema Corte de Justicia de la Nación, El Consejo de la Judicatura Federal y la Sala Superior del Tribunal Electoral, quienes se han dado a la tarea de establecer los valores y principios que deben regir el actuar de todo juez perteneciente al sistema jurídico mexicano, ya que, el conocimiento de la ética no es innato, sino por el contrario, es adquirido; lo innato es tan sólo la disposición para adquirirlo. Como se puede leer, la preocupación institucional por hacer evidentes las conductas éticas es tal, que determina cuáles son los principios y valores presentes en el actuar del juzgador, siendo los siguientes:

a) Independencia. "Es la actitud del juzgador frente a influencias extrañas del derecho, provenientes del sistema social. Consiste en juzgar desde la perspectiva del derecho y no a partir de presiones o intereses extraños a aquél".
b) Imparcialidad. "Es la actitud del juzgador frente a influencias extrañas al derecho, provenientes de las partes en los procesos sometidos a su potestad. Consiste en juzgar, con ausencia absoluta de designio anticipado o de prevención a favor o en contra de algunos de los justiciables".
c) Objetividad. "Es la actitud del juzgador frente influencias extrañas al derecho, provenientes de sí mismo. Consiste en emitir sus fallos por las razones que el derecho le suministra y no por las que se deriven de su modo personal de pensar o de sentir".
d) Profesionalismo. "Es la disposición para ejercer de manera responsable y seria la función jurisdiccional, con relevante capacidad de aplicación".
e) Excelencia. "El juzgador se perfecciona cada día para desarrollar las siguientes virtudes judiciales: humanismo, justicia, prudencia, responsabilidad, fortaleza, patriotismo, compromiso social, lealtad, orden, respeto, decoro, labo-

> riosidad, perseverancia, humildad, sencillez, sobriedad y honestidad".[120]

En conclusión, los principios anteriores son una adaptación de los planteados en los principios de Bangalore y los principios básicos relativos a la independencia de la judicatura, los cuales tienen su soporte en alguna de las diversas teorías éticas, en un mayor o menor grado. De esta forma podemos ver la relevancia, relación e influencia existente entre ética y derecho.

---

[120] Código de Ética del Poder Judicial de la Federación [en línea], <https://www.scjn.gob.mx/sites/default/files/material_didactico/2016-11/codigo-de-etica.pdf>.

Conclusión

Rogelio Z. Rodríguez Garduño[121]

Como lo hemos visto a lo largo de la presente obra, la ética y el Derecho tienen una relación que podríamos identificar como inevitable, a pesar de que han existido autores que han procurado escindir esta relación, diferenciando e individualizando ambos conceptos, la realidad es que el derecho surge como una necesidad ética, independientemente del contenido de los enunciados normativos creados; el origen mismo de la necesidad jurídica tiene un fundamento ético relacionado con aquellas conductas que por su naturaleza y despliegue en sociedad pueden considerarse equivocas, malas, incorrectas, o que es preferible inhibir mediante la regulación jurídica obligatoria.

El derecho surge, entonces, como una necesidad humana, que tiene que ver con el desarrollo y despliegue de las conductas humanas dentro de una sociedad, con miras a que las personas puedan alcanzar su desarrollo individual-personal. Por lo tanto, no es una creación artificial en el sentido de que puede ser prescindida, o relegada a cuestiones mecánicas, operativas u automatizadas, como muchos lo pretenden. La cuestión misma de la creación jurídica tiene que ver con las personas en particular, si bien su aplicación se relega al ámbito social, la realidad es que el derecho sólo puede ser aplicado en sociedades en donde existe una homogenización de los individuos, en donde, si bien estos despliegan de manera particular su conducta, existe un consenso intersubjetivo respecto de

[121] Egresado de la Universidad Nacional Autónoma de México, institución en la cual se titula de la Licenciatura en Derecho con Mención Honorifica, y se hace poseedor de la medalla "Gabino Barreda" por haber obtenido 10.00 de promedio. Asimismo, por la Universidad Panamericana obtiene los títulos de Maestro en Derecho Procesal Constitucional, Maestro en Ciencias Jurídicas y finalmente Doctor en Derecho. Cuenta con una Especialidad en Administración de Empresas de Servicio, por el Instituto Tecnológico Autónomo de México.

aquellos comportamientos que pueden considerarse perjudiciales, *malos* o incorrectos en relación con los que son semejantes.

Como se puede apreciar, la complejidad de la creación normativa no obedece a cuestiones meramente formales o automatizadas, sino a cuestiones que tienen que ver con la identidad de las personas dentro de un contexto determinado y su visión del mundo respecto de cómo es y cómo debería ser la realidad. En este contexto, la labor de los estudiosos del derecho consiste no en negar la relación entre la ética y el Derecho, sino justificar esta relación, ya sea de manera genérica en el ámbito ontológico o en su aplicación particular en el contexto en el que se vive. A este respecto el estudiante de derecho cuenta con una variedad de teorías que tratan precisamente de justificar esta relación y que pueden resultar útiles al momento de aplicar las normas jurídicas en una situación determinada.

Índice de autores

Índice de temas

Índice de tablas

---

122 CÁCERES NIETO, Enrique, *Lenguaje y derecho*, *op. cit.*, p. 47.

FUENTES REFERENCIADAS

Bibliografía

ALCHOURRÓN, Carlos y Eugenio Bulygin, *Sobre la existencia de las normas jurídicas*, México, Fontamara, 2011 (Biblioteca de Ética, Filosofía del Derecho y Política).

ARENDT, Hanna, *Eichmann en Jerusalén. Un estudio sobre la banalidad del mal*, 4a. ed., trad. de Carlos Ribalta, Barcelona, Editorial Lumen, 2003.

ARISTÓTELES, *Ética nicomáquea*, trad. de Julio Palí Bonet, Madrid, Editorial Gredos, 1985 (Biblioteca Clásica Gredos, 89).

______, *Ética nicomáquea*, trad. de Julio Palí Bonet, Madrid, Editorial Gredos, 1993.

______, *Política*, trad. de Manuel García Valdés, Madrid, Editorial Gredos, 1988.

BALTRA *et al.*, coords., *El cognoscitivismo*, Chile, Centro de Perfeccionamiento, Experimentación e Investigaciones Pedagógicas, 1977.

BEUCHOT, Mauricio y Javier Saldaña, *Derechos humanos y naturaleza humana*, México, UNAM, Instituto de Investigaciones Filológicas, 2000 (Cuadernos del Instituto de Investigaciones Filológicas, 22).

BOBBIO, Norberto, *Liberalismo y democracia*, 14a. ed., trad. de José F. Fernández Santillán, México, Fondo de Cultura Económica, 2012.

BRAIN CALDERÓN, María Luisa, "Ética y derechos humanos", en *Visión social de los derechos humanos. Una perspectiva multidisciplinar*, Leticia Cano y Joaquín Narro, coords., México, CNDH/UNAM, Escuela Nacional de Trabajo Social, 2017 [en línea], <https://archivos.juridicas.unam.mx/www/bjv/libros/11/5171/6.pdf>.

CÁCERES NIETO, Enrique, *Lenguaje y derecho. Las normas jurídicas como sistema de enunciados*, México, Cámara de Diputados, LVII Legislatura/UNAM, Instituto de Investigaciones Jurídicas, 2000 (Colección Nuestros Derechos).

______, *¿Qué es el derecho? Iniciación a una concepción lingüística*, México, Cámara de Diputados, LVIII Legislatura/UNAM, Instituto de Investigaciones Jurídicas, 2000.

Cárdenas Gracia, Jaime, "La norma jurídica" (capítulo cuarto), en *Introducción al estudio del derecho*, México, Nostra Ediciones/UNAM, Instituto de Investigaciones Jurídicas, 2009 (Cultura Jurídica) [en línea], <https://archivos.juridicas.unam.mx/www/bjv/libros/7/3260/7.pdf>.

Carpio, Adolfo P., *Principios de filosofía, una introducción a su problemática*, 2a. ed., Buenos Aires, Editorial Glauco, 2004.

Correas, Óscar, *Crítica de la ideología jurídica*, 3a. ed., México, Ediciones Coyoacán, 2010.

Cortina Orts, Adela, "Ética comunicativa", en *Concepciones de la ética*, ed. de Victoria Camps, Osvaldo Guariglia y Fernando Salmerón, Madrid, Editorial Trotta, 2004 (Enciclopedia Iberoamericana de Filosofía, 2).

Descartes, René, *Discurso del método*, trad. de Manuel García Morente, Madrid, Espasa Calpe, 2010 (Colección Austral Espasa Calpe).

Descartes, René, *Discurso del método*, México Editorial Alianza, 2011.

De Zan, Julio, *Ética, los derechos y la justicia*, Uruguay, Konrad/Adenauer/Stiftung 2004 [en línea], <https://archivos.juridicas.unam.mx/www/bjv/libros/5/2228/7.pdf>.

Finnis, John, *Ley natural y derechos naturales*, trad. de Cristóbal Orrego S., Buenos Aires, Editorial Abeledo-Perrot, 2000.

Fuentes López, Carlos, *El racionalismo jurídico*, México, UNAM, Instituto de Investigaciones Jurídicas, 2003.

García-Huidobro, Joaquín, *Filosofía y retórica del iusnaturalismo*, México, UNAM, Instituto de Investigaciones Jurídicas, 2002.

García Landeros, Erika, *El fundamento de los derechos humanos como la mejor seguridad de su cumplimiento*, Tesis de licenciatura, México, UNAM, Facultad de Derecho, 2005.

Guastani, Ricardo, *Estudios sobre la interpretación jurídica*, 6a. ed., trad. de Marina Gascón y Miguel Carbonell, México, Editorial Porrúa, 2004.

HABERMAS, Jürgen, *La inclusión del otro*, trad. de Velasco Arroyo, Barcelona, Editorial Paidós, 1999.

______, *Teoría de la acción comunicativa*, I. Racionalidad de la acción y racionalización social, Madrid, Editorial Taurus, 1999.

HART, H.L.A., *El concepto de derecho*, trad. de Genaro R. Carrió, Buenos Aires, Editorial Abeledo-Perrot, 1961.

______, *El concepto del derecho*, trad. de Genaro R. Carrió, Buenos Aires, Editorial Abeledo-Perrot, 1968.

______, *El concepto de derecho*, Buenos Aires, Editorial Abeledo-Perrot, 2012.

HART, H.L.A, "El concepto del derecho", en J. Alberto Montero, *Derecho y moral*, México, UNAM, Facultad de Derecho, 2011.

HEGEL, G.W.F., *Ciencia de la lógica*, t. I y t. II, trad. de Augusta y Rodolfo Mondolfo, Buenos Aires, Ediciones Solar, 1982.

______, *Enciclopedia de las ciencias filosóficas*, trad. de Eduardo Ovejero y Maury, México, Editorial Porrúa, 1980.

HESSEN, Johannes, *Teoría del conocimiento*, trad. de José Gaos, [s.d.], Instituto Latinoamericano de Ciencia y Artes, [s.d.].

HOBBES, Thomas, *Leviathan with selected variants from de latin edition of 1688*, ed. por E. Curley, Indianapolis, Editorial Hackett Publishing, 1994.

HUME, David, *Tratado de la naturaleza humana*, 2a. ed., Madrid, Tecnos, 1992.

INZUNZA CÁZARES, Enrique, *La exacta aplicación de la Ley Penal y el mandato de determinación*, México, UNAM, Instituto de Investigaciones Jurídicas, 2009 (Estudios Jurídicos, 138).

KANT, Immanuel, *Crítica de la razón práctica*, trad. de Dulce María Granja, Madrid, Alianza Editorial, 2000.

______, *Crítica de la razón pura*, trad. de Pedro Ribas, Barcelona, Editorial Taurus, 2005.

______, *Fundamentación de la metafísica de las costumbres*, trad. de M. García Morente, México, Editorial Porrúa, 2004.

_____, *La paz perpetua*, Madrid, Editorial Espasa-Calpe, 1946.

Kelsen, Hans, *Teoría pura del derecho*, México, Editorial Porrúa/UNAM, 1991.

MacIntyre, Alasdair, *Tras la virtud*, trad. de Amelia Valcárcel, Barcelona, Editorial Crítica, 2004.

Madrid Espinoza, Alfonso, *Introducción a la filosofía del derecho y de la política*, 2a. ed., México, Editorial Fontamara, 2004.

Molera, Eugenio, *El racionalismo moderno* [en línea], <https://cdn.website-editor.net/33a8871d66e14c2ba0a24b619954bc3f/files/uploaded/DESCARTES%2520Y%2520EL%2520RACIONALISMO%2520MODERNO.pdf>.

Morales Lizarraga, Miguel Eduardo, *Ética posmoderna y derechos humanos. Ontología antropológica jurídica*, Tesis de doctorado, México, UNAM, Facultad de Derecho, 2019.

Moreno Collado, Jorge, "Sociedad y derecho", en Jorge Moreno Collado *et al.*, *Sociología general y jurídica*, México, Editorial Porrúa/UNAM, Facultad de Derecho, 2018 (Enciclopedia Jurídica de la Facultad de Derecho).

Moreso, José Juan, *Ethica more iuridico incorporata*, México, Fontamara, 2013 (Colección Cátedra Ernesto Garzón Valdés).

Pérez Rodríguez, Patricia Margarita, "Revisión de las teorías del aprendizaje más sobresalientes del siglo XX", en *Tiempo de Educar*, Universidad del Estado de México, vol. 5, núm. 10, julio-diciembre, 2004.

Platón, *La República*, trad. de A. Gómez Robledo, México, UNAM, 2000.

Rawls, John, *Teoría de la justicia*, 2a. ed., México, Fondo de Cultura Económica, 2006.

Ricciardi, Ramón, *La Biblia*, Madrid, Ediciones Paulinas/Editorial Verbo Divino/Editorial Alfredo Ortells, 1972.

Rodríguez Landecho, Paulina, *El Leviatán: la superación de la condición humana en Hobbes*, Tesis de licenciatura en Filosofía, México, UNAM, Facultad de Filosofía y Letras, 2018.

ROJAS ARMANDI, Víctor, "La teoría del discurso de Habermas", en *La ética discursiva en las teorías de derecho de Habermas y Alexy*, México, UNAM, Instituto de Investigaciones Jurídicas, 2012 [en línea], <https://archivos.juridicas.unam.mx/www/bjv/libros/7/3088/4.pdf>.

SALDAÑA SERRANO, Javier, *Derecho natural. Tradición, falacia naturalista y derechos humanos*, México, UNAM, Instituto de Investigaciones Jurídicas, 2012 (Estudios Jurídicos, 640).

SANTIAGO NINO, Carlos, *Introducción al análisis del derecho*, Barcelona, Ariel, 1995.

SAUCEDO GONZÁLEZ, José Isidro, coord., *Epistemología jurídica*, México, Tirant lo Blach/UNAM, Facultad de Derecho, 2020 (Obras de Maestría).

SOBERANES FERNÁNDEZ, José Luis, *Sobre el origen de las declaraciones de derechos humanos*, México, Comisión Nacional de los Derechos Humanos/UNAM, Instituto de Investigaciones Jurídicas, 2009.

SPINOZA, *Tratado teológico-político*, introducción, traducción y notas de A. Domínguez, Madrid, Editorial Alianza, 1986 (1a. ed.); 2003 (2a. ed.).

______, *Tratado teológico-político*, [s.p.i.] [en línea], <http://lobosuelto.com/wp-content/uploads/2020/04/Tratado-teol%C3%B3gico-pol%C3%ADtico.pdf>.

THIEBAUT, Carlos, "Neoaristotelismos contemporáneos", en *Concepciones de la ética*, ed. por Victoria Camps, Osvaldo Guariglia y Fernando Salmerón, Madrid, Editorial Trotta, 2004 (Enciclopedia Iberoamericana de Filosofía, 2).

VALENCIA RESTREPO, Hernán, *Nomoárquica, principialística jurídica o filosofía y ciencia de los prinicpios generales del derecho*, Bogotá, Editorial Temis, 1999.

VILLORO TORANZO, Miguel, *Introducción al estudio del derecho*, 21a. ed., México, Editorial Porrúa, 2012.

WITTGENSTEIN, Ludwing, *Tractatus logico-philosophicus*, trad. de Jacobo Muñoz Vegiga e Isidoro Reguera Pérez, Madrid, Editorial Gredos, 2009.

Zagrebelsky, Gustavo, *El derecho dúctil. Ley, derechos, justicia*, trad. de Marina Gascón, Madrid, Editorial Trotta, 1995.

Hemerografía

Atienza, Manuel y Manuel González-Meneses, "Debate sobre el proyecto de nueva regulación del aborto", en *Revista de Bioética y Derecho*, Universidad de Barcelona, núm. 16, abril, 2009.

Berumen Campos, Arturo y Erika García Landeros, "El *a priori* cultural del derecho", en *Revista del Seminario de Filosofía del Derecho*, UNAM, 2018.

Contreras Aguirre, Sebastián, "El primer principio de la ley natural, según Finnis-Grisez y Rhonheimer y las lecturas contemporáneas de *Summa theologiae* i,ii, q. 94, a. 2", en *Revista de Derecho de la Pontificia Universidad Católica de Valparaíso*, Valparaíso, núm. 43, diciembre, 2014 [en línea], <http://dx.doi.org/10.4067/S0718-68512014000200018>.

Di Gregori, María Cristina, "Reflexiones sobre escepticismo y relativismo", en *Revista de Filosofía y Teoría Política*, núm. 31-32, 1996 [en línea], <http://www.memoria.fahce.unlp.edu.ar/art_revistas/pr.2593/pr.2593.pdf>.

Dussel, Enrique, "Algunas reflexiones sobre la 'falacia naturalista' (¿Pueden tener contenidos normativos implícitos cierto tipo de juicios empíricos?)", en *Diánoia*, UNAM, vol. XLVI, núm. 46, mayo, 2001.

Fatauros, Cristián A., "Normas, acciones y posibilidad. Una reflexión sobre la naturaleza de las normas y de las acciones", en *Cuadernos de Filosofía del Derecho*, núm. 33, noviembre, 2010 [en línea], <https://doxa.ua.es/article/view/2010-n33-normas-acciones-y-posibilidad-una-reflexion-sobre-la-naturaleza-de-las-normas-y-de-las-acciones>.

Felipe Hernández, Javier, "El iusnaturalismo de Thomas Hobbes", en *Criterio Jurídico*, Colombia, 2010, p. 39 [en línea], <https://www.google.com.mx/url?sa=t&rct=j&q=&esrc=s&source=web&cd=&ved=2ahUKEwjaxpGmus3xAhWrmmoFHcB3CzkQFjABegQIBBAD&url=https%3A%2F%2

Frevistas.javerianacali.edu.co%2Findex.php%2Fcriterioju ridico%2Farticle%2Fdownload%2F340%2F1183%2F%23%3A~%3Atext%3DSeguidamente%252C%2520Hobbes%2520enuncia%2520la%2520que%2CHobbes%252C%25201989%253A%2520111).&usg=AOvVaw2JTk4soPXGt8UGoMiYsoGG>.

FLORES, Imer B., "La concepción del derecho en las corrientes de la filosofía jurídica", en *Boletín Mexicano de Derecho Comparado*, México, nueva serie, año XXX, núm. 90, 1997.

GARCÍA CARRASCO, Félix David, "La democracia en el siglo XXI", en *Hechos y Derechos*, UNAM, Instituto de Investigaciones Jurídicas, núm. 48, noviembre-diciembre, 2018 [en línea], <https://revistas.juridicas.unam.mx/index.php/hechos-y-derechos/article/view/12997/14542>.

GARCÍA-HUIDROBO, Joaquín, "La 'is/ought question' y el valor del argumento de la perversión de las facultades naturales", en *Revista Persona y Derecho*, Servicio de Publicaciones de Navarra, núm. 29, 1993.

GONZÁLEZ SEARA, Luis, "Juicios de valor, ideologías y ciencia social", en *Revista de Estudios Políticos*, núm. 159-160, 1968 [en línea], <https://dialnet.unirioja.es/servlet/articulo?codigo=2082597>.

GUILLAUMIN JUÁREZ, Godfrey, "El relativismo epistemológico visto a través de la teoría del cambio científico de Thomas Kuhn", en *Relaciones. Estudios de Historia y Sociedad*, El Colegio de Michoacán, vol. XXX, núm. 120, diciembre, 2009 [en línea], <http://www.scielo.org.mx/scielo.php?script=sci_arttext&pid=S0185-39292009000400005>.

ISLER SOTO, Carlos, "Alasdair MacIntyre sobre la virtud y la justicia en Aristóteles", en *Ars Boni et Aequi*, núm. 5, Chile, Escuela de Derecho de la Universidad Bernardo O'Higgins, núm. 5, 2009.

LÓPEZ HERNÁNDEZ, José, "Clasificación de las normas jurídicas como enunciados de actos ilocutivos", en *Anuario de Derechos Humanos*, nueva época, vol. 6, 2005 [en línea], <https://www.google.com.mx/url?sa=t&rct=j&q=&esrc=s&source

=web&cd=&cad=rja&uact=8&ved=2ahUKEwim1LjX4NTxAhVKJKwKHbVeBvYQFjAAegQIBRAD&url=https%3A%2F%2Frevistas.ucm.es%2Findex.php%2FANDH%2F-article%2Fdownload%2FANDH0505110455A%2F20861&usg=AOvVaw0gLg-cc6-stbpZpc1-eu86>.

MARCONE, Julieta, "Hobbes: entre el iusnaturalismo y el iuspositivismo", en *Andamios. Revista de Investigación Social*, México, vol. 1, núm. 2, junio, 2005 [en línea], <https://www.redalyc.org/pdf/628/62810206.pdf>.

MARULANDA HERNÁNDEZ, Juan Carlos, "El emotivismo y su influencia en las teorías contemporáneas del desarrollo moral", en *Polisemia*, Bogotá, vol. 8, núm. 13, enero-junio, 2012 [en línea], <https://revistas.uniminuto.edu/index.php/POLI/article/download/364/361>.

MASSINI CORREAS, Carlos Ignacio, "La falacia de la falacia naturalista", en *Persona y Derecho. Revista de Fundamentación de las Instituciones Jurídicas y de Derechos Humanos*, Universidad de Navarra, núm. 29, 1993.

MONTERROZA RÍOS, Álvaro, "Relativismo evolutivo, una alternativa epistemológica", en *Trilogía. Ciencia Tecnología Sociedad*, Colombia, Institución Universitaria ITM, vol. 3, núm. 4, 2011 [en línea], <https://revistas.itm.edu.co/index.php/trilogia/article/view/142/145>.

NAVARRO, Pablo E., "Enunciados jurídicos y proposiciones normativas", en *Isonomía*, México, núm. 12, abril, 2000 [en línea], <http://www.scielo.org.mx/scielo.php?script=sci_arttext&pid=S1405-02182000000100121#fn37>.

NAVARRO, Pablo E., "Permisos, enunciados normativos y proposiciones normativas", en *Getafe*, Madrid, octubre, 2011 [en línea], <https://e-archivo.uc3m.es/bitstream/handle/10016/13857/permisos_navarro_SHIF_2011.pdf;jsessionid=8781E2D297E92BBF1957AD5B969C57C4?sequence=1>.

NAVARRO, Pablo E., "¿Son los enunciados jurídicos proposiciones normativas?, en *Doxa. Cuadernos de Filosofía del Derecho*, núm. 35, 2012 [en línea], <https://rua.ua.es/dspace/bitstream/10045/47451/1/Doxa_35_27.pdf>.

Ortiz Millán, Gustavo, "Sobre la distinción entre ética y moral", en *Isonomía. Revista de Teoría y Filosofía del Derecho*, Instituto Tecnológico Autónomo de México, núm. 45, octubre, 2016.

Pérez Otero, Manuel, "Variedades del escepticismo y antiescepticismo", vol. 36, núm. 1, 2016 [en línea], <https://www.redalyc.org/journal/3400/340050077001/html/>.

Rabossi, Eduardo A., "Emotivismo ético, positivismo lógico e irracionalismo", en *Revista de Filosofía Diánoia*, FCE/UNAM, Instituto de Investigaciones Filosóficas, vol. 17, núm. 17, 1971 [en línea], <http://dianoia.filosoficas.unam.mx/index.php/dianoia/article/view/1075/1034>.

Ródenas Calatayud, Ángeles, "Juicios de valor y argumentación jurídica", en *Observatório de Jurisdição Constitucional*, año 6, vol. 1, 1982 [en línea], <https://rua.ua.es/dspace/bitstream/10045/41462/1/2013_Rodenas_OJC.pdf>.

Rubio Hancock, Jaime, "La banalidad del mal y la terrorífica normalidad de los nazis", en *El País*, 24 de marzo, 2017 [en línea], <https://verne.elpais.com/verne/2017/03/23/articulo/1490255737_690085.html>.

Vandenberghe, Frédéric, "Las condiciones de posibilidad de conocimiento del objeto y del objeto de conocimiento en sociología", en *Revista Estudios Sociológicos de El Colegio de México*, vol. XXX, núm. 89, mayo-agosto, 2012.

Zavadivker, Nicolás, "Emotivismo y argumentación moral", en *Revista Estudios de Epistemología*, Argentina, número actual XIII, 2016.

Conferencia

Berumen Campos, Arturo, "La nueva interpretación constitucional", conferencia dictada en la Universidad Autónoma Metropolitana, Unidad Azcapotzalco, febrero, 2020.

Diccionarios y Enciclopedias

Abbagnano, Nicola, *Diccionario de filosofía*, 2a. ed., trad. de Alfredo N. Galletti, México, Fondo de Cultura Económica, 1974.

LIFANTE VIDAL, Isabel, "Interpretación jurídica", en *Enciclopedia de filosofía y teoría del derecho*, vol. 2, ed. por Jorge Luis Fabra Zamora y Verónica Rodríguez Blanco, México, Instituto de Investigaciones Jurídicas, 2015 (Doctrina Jurídica, 713).

MORESO, José Juan, "Positivismo jurídico contemporáneo", en *Enciclopedia de filosofía y teoría del derecho*, vol. 1, ed. por Jorge Luis Fabra Zamora y Álvaro Núñez Vaquero, México, México, UNAM, Instituto de Investigaciones Jurídicas 2015 (Doctrina Jurídica, 712).

MUÑOZ, Jacobo y Julian Velarde, eds., *Compendio de epistemología*, Madrid, Trotta, 2000 (Colección Estructuras y Procesos. Serie Filosofía).

Recursos electrónicos

CAMACHO MEDINA, José de Jesús, "El escepticismo como parte de la cultura científica", 2019 [en línea] <https://www.acercaciencia.com/amp/2019/03/12/el-escepticismo-como-parte-de-la-cultura-cientifica/>.

Etimologías de Chile, "Relativismo" [en línea], <http://etimologias.dechile.net/?relativismo>.

Legislación

Código de Ética del Poder Judicial de la Federación [en línea], <https://www.scjn.gob.mx/sites/default/files/material_didactico/2016-11/codigo-de-etica.pdf>.

SUPREMA CORTE DE JUSTICIA DE LA NACIÓN, *Constitucionalidad de la despenalización del aborto en el Distrito Federal*, México, Suprema Corte de Justicia de la Nación/UNAM, Instituto de Investigaciones Jurídicas, 2009 (Decisiones Relevantes de la Suprema Corte de Justicia de la Nación, 46).